E.-A. MARTEL

Le Gouffre et la Rivière souterraine de PADIRAC (LOT)

Avec
38 gravures
et
12 coupes
ou plans
dont
1 en couleurs

PARIS
LIBRAIRIE CH. DELAGRAVE
15, RUE SOUFFLOT, 15

LE GOUFFRE ET LA RIVIÈRE SOUTERRAINE

DE

PADIRAC

(LOT)

DU MÊME AUTEUR

Les Cévennes et la région des Causses, 140 gravures et 11 cartes et plans, in-8°, Paris, Delagrave, 1890 (7e édition, 1900). Broché .... **5** fr.

Les Abîmes, 320 gravures, plans et cartes, in-4°, Paris, Delagrave, 1894. Broché .... **20** fr.

(*Couronné par l'Académie des sciences, prix Gay, 1894.*)

Irlande et Cavernes anglaises, 142 gravures et plans, in-8°, Paris, Delagrave, 1897. Broché .... **7** fr. **50**

Ces trois ouvrages ont été honorés de souscriptions du Ministère de l'instruction publique.

Le Trayas et l'Estérel (Var), 15 gravures et cartes, in-12, Paris, Delagrave, 1899. Broché .... **1** fr.

La Spéléologie ou Science des cavernes, 10 plans et cartes, in-8°, Paris, Carré et Naud, 1900 (Collection Scientia, biologie, n° 8). Cartonné .... **2** fr.

(*Cours libre de géographie souterraine professé à la Sorbonne en 1899-1900.*)

Le Massif de la Bernina (en collaboration avec M. A. Lorria), 50 héliogravures et 125 gravures, in-folio, Zurich, Orell et Füssli, 1895. Relié .... **100** fr.

SOCIÉTÉ ANONYME D'IMPRIMERIE DE VILLEFRANCHE-DE-ROUERGUE
Jules Bardoux, Directeur.

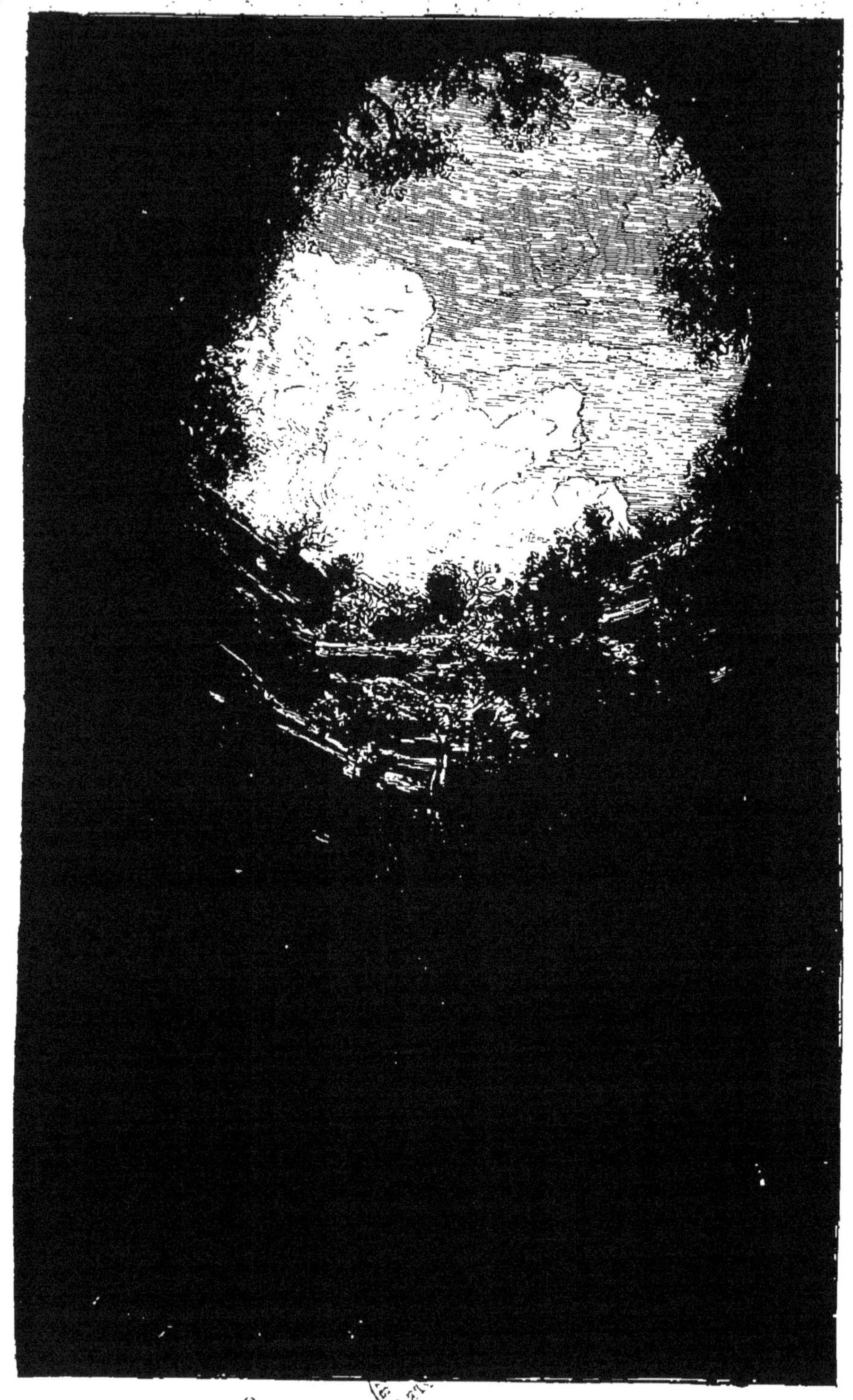

Ouverture du puits de Padirac.
Vue d'en bas, à 75 mètres de profondeur. — Dessin de Vuillier, d'après une photographie de M. G. Gaupillat (1890).
(Communiqué par le Club alpin et extrait des *Abîmes*.)

E.-A. MARTEL

LE GOUFFRE ET LA RIVIÈRE SOUTERRAINE

DE

PADIRAC

(LOT)

HISTORIQUE, DESCRIPTION, EXPLORATION, AMÉNAGEMENT (1889-1900)

AVEC 38 GRAVURES
D'après les photographies de l'auteur et de M. G. Gaupillat
et les dessins de MM. G. Vuillier et L. de Launay et 12 plans
(ou coupes) dont un en couleurs.

PARIS
LIBRAIRIE CH. DELAGRAVE
15, RUE SOUFFLOT 15

A Monsieur l'abbé de LAROUSSILHE

CURÉ DE PADIRAC

En témoignage de gratitude pour son efficace et décisive participation (7 décembre 1895) à l'aménagement du gouffre!

E.-A. MARTEL.

1889-1900.

RENSEIGNEMENTS PRATIQUES

VOIES D'ACCÈS AU GOUFFRE DE PADIRAC

STATIONS de ROCAMADOUR-PADIRAC et de GRAMAT, de la ligne de Brive à Toulouse par Capdenac (chemins de fer de la compagnie d'Orléans), à onze heures de Paris et cinq de Toulouse, par train express.

ROUTES DE VOITURES :

1° De Rocamadour-Padirac, service de voitures publiques à tous les trains, *Correspondance de la Société anonyme du Puits de Padirac,* à raison de 2 fr. 50 par voyageur, ALLER ET RETOUR. — Distance 12 kilomètres (par le *gouffre de Réveillon* et *Alvignac*), trajet en 1 heure et demie. — Bien confirmer le prix au départ de la station, et discuter les prétentions des voituriers, parfois exorbitantes, les jours d'affluence. — *Exiger* que les voitures portent les touristes *jusqu'au gouffre même.* Les 1,500 derniers mètres du parcours sont défectueux, mais *absolument praticables.*

2° De *Gramat,* voitures particulières (faire prix), 14 kilomètres, 1 heure trois quarts (par Thégra).

Hôtels : à ALVIGNAC (station des efficaces eaux de *Miers,* le Carlsbad français), *Carbois* ou du Château, — *Branche-Lescure;* — à GRAMAT, *Calmette,* etc. (tous simples, mais agréables, avec bonne nourriture); — à PADIRAC, petites auberges.

Restaurant sur la terrasse du gouffre (prévenir l'avant-veille, si l'on est nombreux, M. Barrière, *Restaurant du Gouffre,* à *Padirac,* par GRAMAT [LOT]).

TARIF DE LA VISITE DU PUITS DE PADIRAC

Une personne seule, dix francs; à partir de deux personnes, cinq francs par visiteur.

Une réduction de 40 p. 100 est accordée (sur demande préalable adressée une semaine à l'avance au siège de la *Société de Padirac*, 17, faubourg Montmartre, Paris) aux groupes de vingt personnes au moins réunies en caravanes scolaires, excursions collectives, sociétés diverses, etc.

Le tarif comprend tous les frais de guides, bateaux et éclairage. — Le pourboire est facultatif, et il est interdit aux guides et bateliers d'en solliciter aucun.

Pour les *excursions accompagnées* s'adresser à l'*Agence des voyages économiques*, 17, faubourg Montmartre, qui organise périodiquement des voyages circulaires pour Padirac, les gorges du Tarn, Dargilan, Carcassonne, etc.

LE GOUFFRE ET LA RIVIÈRE SOUTERRAINE

DE

PADIRAC (LOT)

HISTORIQUE ET DESCRIPTION

Le gouffre et la rivière souterraine de *Padirac* (Lot) ne sont pas seulement la pittoresque merveille, désormais célèbre, qui a rempli d'admiration les huit mille touristes empressés à la visiter dès la première année (1899) de son ouverture au public. Ils constituent en outre, pour la géographie physique et la géologie, un phénomène naturel de haute importance et de capital intérêt, digne d'une étude scientifique approfondie. Bien que l'ère des recherches, et peut-être même des explorations, ne soit pas encore close dans la remarquable caverne, je crois cependant pouvoir dès maintenant aborder cette étude : car depuis les deux premières expéditions qui, en 1889 et 1890, m'en ont procuré l'heureuse découverte, avec le concours de MM. G. Gaupillat et L. de Launay, j'y ai fait une douzaine d'autres visites, fournissant chacune leur contingent d'observations nouvelles et de faits ignorés, et j'ai accumulé sur l'origine, la formation, le régime, etc., de ce courant souterrain et des grottes qu'il traverse, une quantité de renseignements assez considérable pour les faire connaître sans plus de retard. D'autant plus qu'il est opportun, en complétant, corrigeant et coordonnant tout ce que j'ai déjà publié à ce sujet, de mettre à la disposition des savants comme des touristes la description explicative et détaillée de l'une des principales curiosités de la France. Pour plus de clarté, je diviserai cette monographie en onze paragraphes correspondant aux différentes questions à examiner.

I. — SITUATION. — TOPOGRAPHIE. — DESCRIPTION SOMMAIRE

Le *gouffre du puits* (*ou poût*) *de Padirac* (tel est son véritable nom local) est situé en plein causse[1] de Gramat, sur le territoire de la commune de Padirac (arrondissement de Gourdon, département du Lot), à 2 kilomètres au nord du village

1. On nomme *Causses* ces immenses plateaux calcaires, parfois horizontaux comme des tables, allongés de la Vézère à l'Hérault, servant de piédestal méridional au grand Plateau central d'Auvergne et doucement relevés, sur toute leur étendue, de 200 à 1,200 mètres d'altitude; de longs et étroits fossés, creux de 100 à 500 mètres, approfondis à coups de siècles par les rivières de Dordogne, Célé, Lot, Tarn, Jonte, Dourbie, Vis, Hérault, interrompent leur continuité et les partagent en causses de Martel, Gramat, Limogne, Rodez, Sauveterre, Méjean, Noir, Larzac, pour ne citer que les *majeurs*, tous flanqués de nombreux autres causses *mineurs;* entre les murailles de ces fossés, souvent verticales, toujours ruiniformes, partout multicolores, çà et là verdies des plus luxuriantes frondaisons, on a, depuis moins de vingt ans, sinon découvert, du moins vulgarisé et révélé aux promeneurs quelques-uns des plus jolis spectacles naturels du globe terrestre : cañons lozériens du Tarn et de ses affluents, chaos rocheux aveyronnais de Montpellier-le-Vieux et du Rajol, vallées quercynoises de la Dordogne et du Lot, etc.; — avant 1888, les géologues ne soupçonnaient rien du mystérieux labeur accompli et des fantastiques splendeurs sculptées dans les entrailles mêmes de ces plateaux par les eaux de pluie, qu'ils absorbent dès leur chute sur le sol et qui se transforment sous la terre en vraies rivières à lacs et cascades, réapparues au fond des gorges et au pied des falaises des causses en ces puissantes fontaines si longtemps énigmatiques; quatorze années d'explorations, originales et périlleuses, autant que fructueuses et scientifiques, ont fini par trouver le mot de ces énigmes, grâce à l'investigation méthodique et à la découverte inattendue des vastes antres de Bramabiau, de Dargilan, du Tindoul, etc., ainsi qu'à la descente au bas des gouffres ou abîmes, en réalité moins profonds que ne l'affirmaient les terreurs populaires, de Rabanel, de l'Aven Armand, du Mas-Raynal, des Combettes, de Padirac, etc., où les lois de l'hydrologie interne des causses ont pu être étudiées et expliquées à cent ou deux cents mètres sous la terre. C'est la principale des *découvertes* ainsi effectuées que veut décrire le présent opuscule.

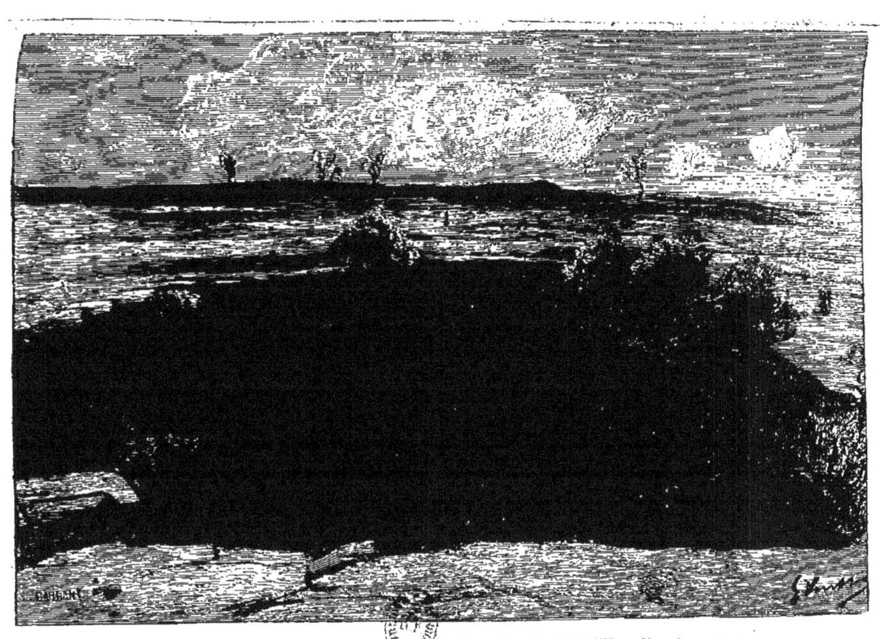

OUVERTURE DU PUITS DE PADIRAC (extérieur). — Dessin de Vuillier, d'après nature.
(Communiqué par le Club alpin et extrait des *Abîmes*.)

de ce nom, — 8 kilomètres et demi (à vol d'oiseau) à l'est-nord-est de la station du chemin de fer (ligne de Brive à Toulouse par Capdenac) de Rocamadour, distante de 12 kilomètres (1 h. et demie) par Alvignac et la route de voitures, — et 4 kilomètres et demi au sud de la rive gauche de la Dordogne

PETITE GROTTE LATÉRALE S'OUVRANT SUR LE GOUFFRE.
(Photographie de l'auteur.)

à Gintrac. Il se présente aux yeux sous la forme d'un immense trou béant dans le sol, à peu près circulaire, de 99 mètres de pourtour et de 31 m. 50 de diamètre, ouvert presque horizontalement, ce qui empêche de le voir de loin. En ce point, en effet, la surface du plateau est peu inclinée sur l'horizon (10° environ), si bien que le bord occidental de l'abîme est de cinq mètres seulement en contre-bas du bord oriental. L'altitude, d'après les courbes équidistantes des minutes au 40,000e de la carte d'état-major, serait comprise entre 310 et 320 mètres; mais les nombreuses séries d'observations barométriques exécutées à chacune de mes visites m'ont toutes et définitivement conduit à une moyenne de 350 mètres pour la lèvre inférieure, et 355 pour la lèvre supérieure du gouffre : je dis *moyenne*, non seulement à cause de l'approximation que comportent toujours les meilleurs anéroïdes (en l'espèce trois holostériques de Naudet), mais encore parce que les stations de Rocamadour et de Gramat, sur lesquelles j'ai repéré toutes mes lectures, sont pourvues l'une et l'autre de deux cotes inégales d'altitude : pour Rocamadour, 283 m. 60 (chemin de fer d'Orléans) et 279 m. 782 (nivellement général de la France, Bourdaloue); pour Gramat, 309 (chemin de fer) et 305 m. 185 (nivellement général); ceci introduit déjà une incertitude de 4 mètres dans les calculs, que j'ai cru devoir arrêter aux chiffres ronds de 350 et 355 mètres, impliquant une correction de 35 à 40 mètres (soit quatre courbes) pour les minutes au 40,000^{e}.

On remarquera que le gouffre est très curieusement placé sur le versant droit, et à quelques mètres seulement de distance et au-dessus du fond d'une dépression occupée par des champs cultivés, et qui figure un thalweg rudimentaire, mais nettement dessiné et descendant sinueusement dans la direction du nord : j'aurai occasion d'en reparler (chap. IV).

Comme horizon géologique, le puits s'ouvre dans les calcaires lithographiques, durs, gris et en bancs réguliers, que M. Mouret (feuille de Brive de la carte géologique au 80,000^{e}, 1890, — et *Esquisse géologique des environs de Brive* [*Bulletin de la Société scientifique de la Corrèze*, t. II, 1880, p. 144]) rapporte au *Bathonien* F. II-III, jurassique moyen. Il sera question de la géologie au chapitre VIII.

Pour épargner aux visiteurs pressés la lecture sur place des pages ci-après, je crois devoir intercaler ici une très sommaire description préliminaire de ce qu'il y a à examiner au cours de l'excursion.

La descente s'opère d'abord par un puits artificiel, profond de 14 mètres, pourvu d'un escalier en fer et débouchant dans une petite grotte latérale au grand gouffre, que j'ai décou-

La Terrasse.
(Photographie de l'auteur.)

verte le 30 mars 1896 seulement (en compagnie de MM. Rupin et Pons); cette grotte s'ouvre elle-même sur une grande corniche naturelle, qu'on a transformée en spacieuse et commode terrasse et qui est abritée du soleil et de la pluie; on y peut déjeuner (restaurant) dans un site absolument original; au bout de la terrasse est le grand escalier de fer, haut de 37 mètres, qui conduit au bas de la partie verticale du gouffre (pour les détails de la construction, *V.* chap. III, *Aménagement*). Du pied de l'escalier, « l'impression est fantastique; on se croirait au fond d'un télescope ayant pour objectif un morceau circulaire de ciel bleu. » Les effets de lumière sont extraordinaires et perpétuellement changeants. « A l'orifice et aux moindres saillies du colossal entonnoir, pendent gracieusement de longues touffes de plantes amies de l'ombre et de l'humidité. » (*Les Abîmes,* p. 262.) Le long du cône d'éboulis, constitué au fond du puits par l'amoncellement de débris de la voûte effondrée, la descente continue par un confortable chemin en lacets; on laisse à droite la *grande arcade* (haute de 27 m.) qui va rejoindre (rien de curieux à voir, amas d'argile gluante, partie non aménagée à cause des crues souterraines) la *galerie du ruisseau,* sans intérêt pittoresque et longue de 100 mètres seulement; à gauche, on parvient à une sorte d'abri naturel qui fut utilisé jadis (*V.* chap. II); à côté s'ouvre, à 75 mètres sous terre, la gueule du second puits, profond de 28 mètres, partagé en deux par la petite *salle du Gour* (vasque rocheuse, remplie lors des pluies), où s'aperçoivent les premières stalactites; c'est ici qu'on pénètre dans la caverne proprement dite, après un dernier coup d'œil à la fantasmagorique scène de l'intérieur du gouffre, une des six principales attractions de Padirac. A 103 mètres de profondeur se retrouve *la Fontaine,* réapparition (parfois à sec après les grandes sécheresses) du ruisseau d'amont, qui a traversé tout le fond du gouffre à travers le cône d'éboulis; *la galerie* horizontale de *la Fontaine,* longue de 280 mètres, large de 3 à 8 mètres, haute de 5 à 30, est maintenant pourvue d'une chaussée longeant le ruisseau, qu'elle traverse en deux points par des passerelles; au coude de l'*embarcadère* on monte en bateau pour voguer sur la *Rivière plane,* également longue de 280 mètres, large de 6 à 10 mètres, sous des voûtes hautes de 6 à 50; cette navigation à la Jules Verne est le deuxième des *clous* de Padirac. Puis viennent le *lac* de la *Pluie,* la *Grande Pendeloque,* les *Bénitiers* et les *Bouquets,* le rétrécissement du *Pas du Crocodile :* c'est la troisième des grandes féeries de Padirac. Pour toute description, depuis la Fontaine, je ne puis que reproduire notre impression quand, avec Gaupillat, nous découvrîmes la merveille (9-10 juillet 1889).

« Six heures et demie du soir! La scène change complètement : la fontaine remplit d'abord un petit bassin de 5 à 6 mètres de diamètre. Au delà s'offre à nos regards étonnés une monumentale avenue, haute de 10 à 30 mètres, large de 5 à 10, dirigée droit vers le nord, voûtée en ogive sombre et où s'engage le ruisseau sorti du bassin.

« Surpris et impatients, nous pénétrons dans ce nouvel inconnu, côtoyant le courant que grossit à chaque pas la pluie des voûtes, peu épaisse, mais continue : c'est la distillation des eaux infiltrées à la surface du sol. Il y a des coudes nombreux, dont chacun nous donne l'émotion d'un arrêt brusque, d'une impasse! Derrière tous cependant l'espace noir se prolonge, aisé à parcourir. Des légions de chauves-souris s'effarouchent à notre approche; elles se sauvent en criant vers la fontaine et vont essorer sans doute par le puits du Gour et le Gouffre. Au surplus, c'est bien leur heure; il ne va pas tarder à faire nuit sur terre, à notre insu.

« Leurs déjections couvrent le sol; pour franchir une vasque d'eau, expansion du ruisseau qui occupe là toute la largeur de la galerie (environ 5 mètres), il faut se cramponner au rocher en enfonçant bravement les poings dans un épais amas de ce fumier : c'est le *Pas du Guano.*

« Continuons, continuons! » Comme en 1888 dans la grande branche de Dargilan, où pendant six heures nous avons vu se succéder, sur un kilomètre et demi de longueur, couloirs, salles et galeries, vierges de tout regard humain, la fièvre s'empare de nous, et nous commençons à perdre la notion de la fatigue et du temps.

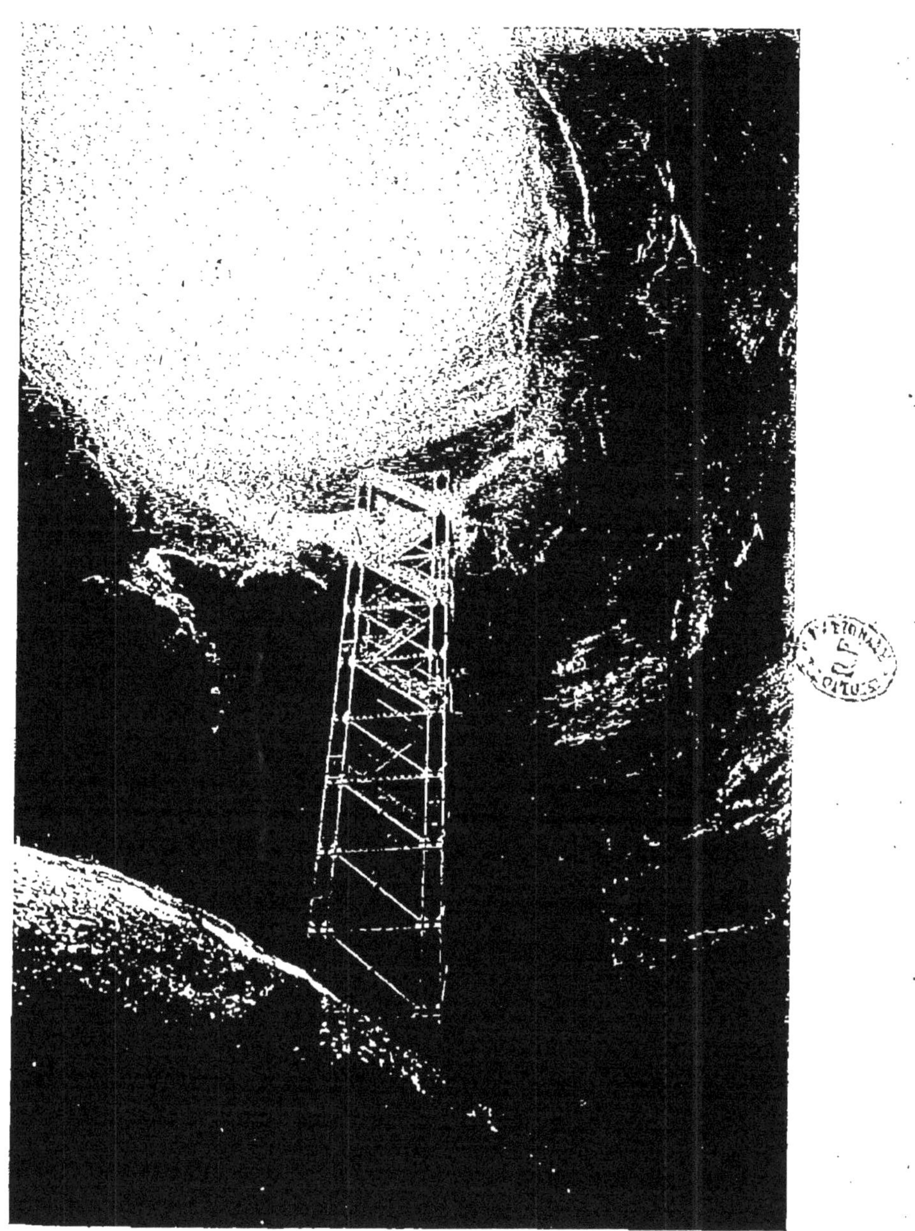

LE GRAND ESCALIER. — Descente du gouffre en 1899.
(Photographie de l'auteur.)

« Si loin que porte la lumière presque solaire de notre lampe réflecteur à magnésium, nous ne voyons pas cette fois la fin du grandiose couloir. Mais voici que le sol où nous marchons devient une vase molle et mouvante. Le ruisseau s'enfle de plus en plus et remplit soudain toute la section de la galerie, entre deux murailles perpendiculaires; c'est une rivière profonde de plusieurs mètres; quelque dépression de terrain provoque assurément ce brusque changement. Nous sommes à 280 mètres de la fontaine, et la route est complètement barrée pour des piétons. Or nous avons là-haut, sur terre, dans ses deux sacs, notre fidèle *Crocodile*, l'excellent bateau *Osgood*, qui nous a permis de réussir, il y a quinze jours, l'aventureuse descente des rapides de l'Hérault, entre Ganges et Saint-Guilhem-le-Désert.

« Nous tenons conseil : sept heures et demie du soir; j'ai pour principe absolu de ne jamais dormir sous terre, depuis la fâcheuse expérience que j'en ai faite une seule fois à Nabrigas; il faut près de deux heures pour regagner l'orifice du gouffre : volte-face, nous redescendrons demain.

« Armand se montre sceptique : « La voûte, dit-il, baisse là-« bas à 15 mètres de distance : cela fera, comme dans tant d'au-« tres grottes, un bout de lac tout fermé avec l'eau qui file par « en dessous; c'est la fin! — Non, réplique Gaupillat, il y a un « coude! — Hum! un coude d'un mètre, et puis le mur. — Al-« lons, demi-tour! Qui reviendra verra! »

« A huit heures un quart nous sommes en haut du puits du Gour. Il pleut : l'orage est venu avec la nuit, et c'est à la lueur des éclairs que nous gravissons le talus de pierres et l'échelle de cordes; au fond du gouffre c'est chose bien saisissante que leurs traînées de feu illuminant notre rond de ciel noir. Terriblement rauque, le grondement du tonnerre se répercute entre les parois du grand puits. Un orage à deux cents pieds sous terre! Imposant spectacle en vérité.

« A neuf heures l'ascension est finie pour tous quatre sains et saufs; la pluie cesse; on soupe dehors, affamés, contents de la journée, les conjectures allant leur train sur les probabilités de demain.

« Coucher partie dans l'omnibus, partie dans une grange à vingt minutes du trou. Sommeil inquiet tout hanté de cauchemars, de lacs en argent liquide, de palais en diamants creux, de grands oiseaux noirs aux ailes dorées, puis de chutes accélérées vers le centre de la terre.

« Le 10 juillet, à quatre heures du matin, la diane sonne dans la corne de chasse; à six heures la descente recommence, les sacs du bateau en avant; à dix heures le *Crocodile* flotte au bout de la grande galerie de la Fontaine, portant Gaupillat et moi; Armand et Foulquier demeurent sur la grève argileuse de l'embarquement; et deux minutes après retentit ce cri de triomphe changé en clameur par les échos de l'immense caverne : « Cela continue, Armand! Ce n'est pas la fin : la voûte « remonte, c'est bien un coude, une rivière superbe et calme : « nous allons à la découverte, attendez-nous! Hourra! — En-« tendu! Tout va bien. »

« Et ils vont attendre en effet... pendant six heures et demie.

« Quatre bougies sont fixées aux bordages de la frêle embarcation, et le réflecteur à magnésium ne chôme guère : l'un de nous s'en sert pour éclairer la voie et scruter le mystérieux défilé où nous pénétrons; l'autre pagaye tranquillement dans l'eau limpide et presque sans courant.

« Le défilé sinueux a 6 mètres de largeur; les rives à pic sont formées de deux falaises droites qui se rejoignent à 20, 30, 40 mètres au-dessus de nos têtes. Presque tout de suite nous perdons de vue et nous cessons d'entendre nos deux compagnons; le silence et l'obscurité nous font seuls cortège. C'est singulièrement imposant! Où allons-nous donc?

« Et cela se prolonge ainsi pendant près de 300 mètres : il n'y a pas de stalactites ni de scintillements, mais les proportions sont colossales, le charme de l'inconnu nous fascine, la surprise nous ferme la bouche.

« Bientôt la muette rivière (que nous baptisons la *Rivière plane*) se met à bruire faiblement. Attention! C'est peut-être une cascade toute proche, où le courant va nous entraîner et nous briser... Retenons-nous aux saillies d'une paroi... Précaution superflue : il n'y a là qu'un barrage, une petite casca-

L'ÉCHELLE DE CORDES. — Descente du gouffre en 1889.
(Photographie Gaupillat.)

telle formée sous l'eau par la stalagmite. L'obstacle confine à une grève argileuse; en deux tours de mains nous avons débarqué, porté le bateau de l'autre côté et repris notre navigation.

« Maintenant commence la vraie merveille, et ce que nous

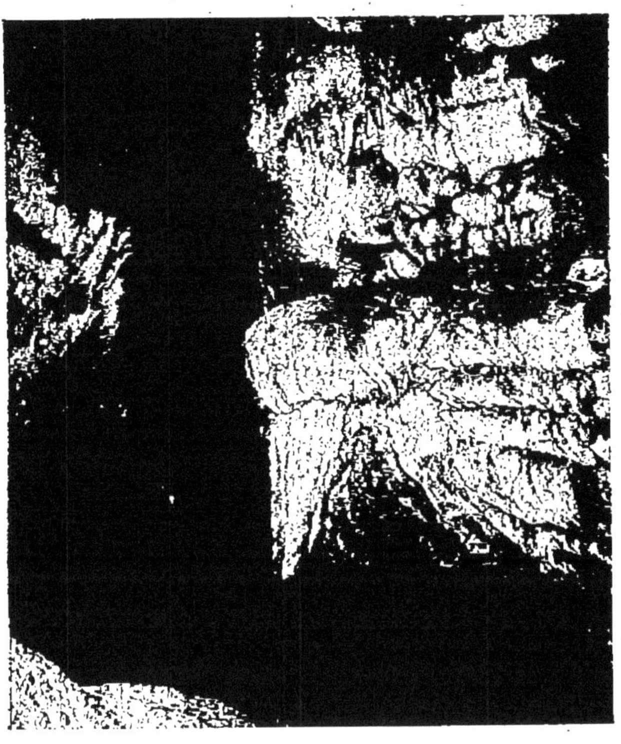

LA GRANDE PENDELOQUE.
(Photographie de l'auteur.)

allons découvrir ne saurait se décrire. Quatre expansions successives de la galerie forment autant de petits lacs ovales, de 10 à 20 mètres de diamètre, où nous subissons un véritable éblouissement : comme dans les plus belles grottes connues, le brillant revêtement des stalactites lambrisse leurs parois; là s'étalent en saillies et s'allongent en rangées les ornements les plus gracieux, bas-reliefs bizarres sculptés par la nature en étincelant carbonate de chaux : bouquets de fleurs, bénitiers d'église, feuilles d'acanthe, statuettes, dais, consoles et clochetons de cristal blanc et rose scintillent jusqu'aux voûtes, qui mesurent de 20 à 30 mètres de hauteur; comme richesse de décoration, nul artiste n'a rien imaginé ni créé de semblable. Le magnésium fait de tout cela l'intérieur d'un pur diamant; sur l'onde unie comme un miroir, le reflet double la splendeur; d'un encorbellement de la rive droite descend une immense pendeloque rouge et jaune, longue de 15 mètres, épaisse de 4, effilée en pointe jusqu'au niveau de l'eau. Nous en faisons le tour, émerveillés, ne trouvant plus un mot à dire.

« Nous avons presque peur, sans savoir pourquoi. Aucun bruit ne trouble le majestueux silence de cette magnificence inconnue; le flot même ne chante pas. Seules les gouttes d'eau tombant des voûtes sonnent aiguës ou graves, argentines ou sourdes selon la distance, mates sur la rivière, sonores sur la stalagmite, et l'écho, qui discrètement les répercute, combine toutes ces notes en un chant mélodieux, en une musique douce, plus harmonieuse et pénétrante que les plus suaves timbres terrestres. Nul être humain ne nous a précédés dans ces profondeurs; nul ne sait où nous allons ni ce que nous voyons; nous sommes isolés, deux dans la barque, loin de tout contact avec la vie; rien d'aussi étrangement beau ne s'est jamais présenté à nos yeux; ensemble et spontanément nous nous posons la même question réciproque : « Est-ce que nous ne rêvons « pas ? » Ces sensations-là sont inoubliables !

« Le passage des lacs n'a guère que 60 à 80 mètres de longueur et 15 mètres de largeur maxima.

« Jusqu'ici la navigation est très aisée, mais les difficultés vont commencer et grandir à chaque pas; les nombreux barrages naturels, surtout, seront un pénible labeur. Ces barrages, très curieux, sont constitués par une digue demi-circulaire de stalagmite, concave en arrière, convexe en avant; ils forment de vrais bassins de retenue et ressemblent toujours à des *gours*. C'est le nom que nous leur donnons encore, faute d'autre plus caractéristique.

« Leur rebord cristallin, délicatement ciselé et frangé comme du corail blanc, est à fleur d'eau et large de 3 à 4 centimètres à peine; vers l'amont il se creuse en encorbellement sous l'eau, et vers l'aval se bombe en surface sphérique inclinée à 30° environ, sur laquelle la rivière, trop-plein du bassin,

STALACTITES DES BOUQUETS.
(Photographie de l'auteur.)

glisse en nappe liquide. A chaque gour, il nous va falloir débarquer sur la fragile crête stalagmitique, sortir le bateau et le descendre par-dessus le barrage dans le bassin suivant. Trente-quatre fois à l'aller et autant au retour, la *bougie entre les dents,* nous aurons à répéter cette dangereuse manœuvre, et souvent une glissade impossible à éviter nous fera prendre un bain complet. Les gours ont de 0 m. 20 à 6 mètres de hauteur; le plus grand mesure de 12 à 15 mètres de longueur.

« Celui qui nous a arrêtés tout à l'heure au bout de la Rivière Plane a donné son nom au *lac du Premier Gour,* que prolonge le *lac de la Pluie,* où nous sommes littéralement trempés par l'eau suintant du plafond; derrière la *Grande Pendeloque* s'étend le *lac des Bouquets,* qui se continue dans celui des *Bénitiers,* tous deux féeriques d'aspect et baptisés ainsi à cause de la forme des concrétions calcaires qui tapissent leurs murailles à pic.

« A grand'peine nous sortons de notre contemplation, car il y a une issue au lac des Bénitiers, et le léger courant nous y porte; continuons! La notion du temps nous quitte tout à fait, et nous oublions sincèrement les deux hommes qui s'inquiètent de notre absence à la grève d'embarquement.

« Il faut avoir entrepris de ces explorations souterraines, émouvantes, surexcitantes au plus haut degré, pour se rendre compte de leur attrait, pour savoir combien la soif d'inconnu est ici abstractive de tout autre sentiment, pour comprendre l'influence irrésistible, hypnotisante, qu'exercent la fièvre de la découverte, l'excès d'admiration, l'obscurité profonde, le mystère et le calme du milieu, l'oubli du soleil et du ciel même, en un mot l'absence de toute manifestation du monde extérieur. Et de ces impressions si vives, si insolites, on ne se lasse jamais.

« Après nos six campagnes souterraines, chaque nouvelle grotte abordée est toujours pour nous une vraie émotion..., proportionnée à la longueur du souterrain! Chercher, trouver, découvrir, connaître, apprendre, n'est-ce point belle chose et bonne œuvre ici-bas?

« Elle n'est point large, la sortie du lac des Bénitiers. Entre deux colonnes stalagmitiques rectilignes, hautes de 30 mètres, toute la rivière s'enfuit dans le noir; pourrons-nous la suivre?

« Le *Crocodile* est quelque peu compressible : de nos deux mains nous poussons chacun sur une paroi, les membrures crient, la toile des côtés frotte rudement, le bateau cède pourtant! S'il allait casser! Il y a plusieurs mètres d'eau! Nous sommes pris dans un étau, sans avancer ni reculer : encore un effort de poignet, nous passerons!... Nous sommes passés. C'est le *Pas du Crocodile;* il a environ 91 centimètres de large, puisque notre esquif en mesure 90!

Lac des Bouquets et Grande Pendeloque.
(Photographie de l'auteur.)

« La fente est haute et étroite comme les couloirs internes de la grande Pyramide d'Egypte; ajoutez-y les girandoles de stalactites, les arabesques de calcite, fouillées et enguirlandées comme celles de l'Alhambra, l'eau sombre, les reflets chatoyants... et la nouveauté. A main droite, une grosse protubérance de stalactite, inclinée, plate, mince, de 1 m. 50 de diamètre, semble la patte menaçante d'un monstre marin nous défendant d'aller plus loin; contournons-la, en attendant que d'autres visiteurs aient la barbarie de la briser. Toujours les murailles lisses, sans plages ni corniches pour débarquer; en arrière, et sous une projection de magnésium, nous entrevoyons dans l'embrasure de l'étroit pylône du Crocodile, la silhouette indécise et vague de la Grande Pendeloque au delà des Bénitiers et des Bouquets tout miroitants.

« Nous voudrions un peu de répit, étant las d'admirer; la rivière va nous servir à souhait et nous procurer d'autres fatigues. » (*Les Abîmes*, 1894, p. 266.)

C'est en ce point précis que, lors de la troisième expédition, eut lieu (29 septembre 1895) le naufrage qui faillit mettre un terme tragique à nos investigations dans Padirac. (*V.* chap. II.)

Aujourd'hui le lac du Naufrage et le Pas du Crocodile sont recouverts par un plancher solide, où l'on débarque pour suivre un chemin facile d'une soixantaine de mètres de longueur qui a remplacé les deuxième et troisième gours, et les passages, jadis si périlleux et malaisés à franchir en bateau, du Tiroir et des Palettes (*V.* chap. II). Puis un escalier de bois de 23 mètres de hauteur s'élève sur le sol incliné du Grand Dôme, jusqu'au bord du petit *Lac Supérieur,* enchâssé dans une ravissante margelle de stalagmite dentelée (un gour) et surveillé, pour ainsi dire, par une massive stalagmite de très curieuse formation; le *Grand Dôme,* le quatrième point saillant de Padirac, n'a été découvert que le 9 septembre 1890, lors de la deuxième expédition, avec M. L. de Launay, ingénieur des mines; sa hauteur primitive, évaluée à 40 ou 50 mètres, a été reconnue depuis, par nos mesures à l'aide de montgolfières de papier attachés à des fils, égale à 65 et 68 mètres au-dessus du Lac Supérieur, soit 88 et 91 mètres au-dessus de la rivière elle-même; c'est une des trois plus hautes voûtes souterraines qui existent, avec celles de Saint-Canzian et de la grotte Géante, dans le Karst, près de Trieste. Il faut se borner à dire qu'ici l'écrasement du spectateur est complet. Enfin, redescendant l'escalier de bois, on contourne, au pied du Grand Dôme, une expansion de la rivière qui forme le *Lac Inférieur* du Grand Dôme, divisé lui-même en deux parties par une cascade de 10 mètres de hauteur (le Grand Gour) au pied de deux îlots rocheux; là s'arrêtent l'aménagement et la visite des touristes, la prolongation de la rivière n'offrant plus qu'un intérêt scientifique, de premier ordre il est vrai, mais sans aucun décor comparable à ceux de la première partie. Le lac inférieur du Grand Dôme, ou *lac des Grands Gours,* dont les

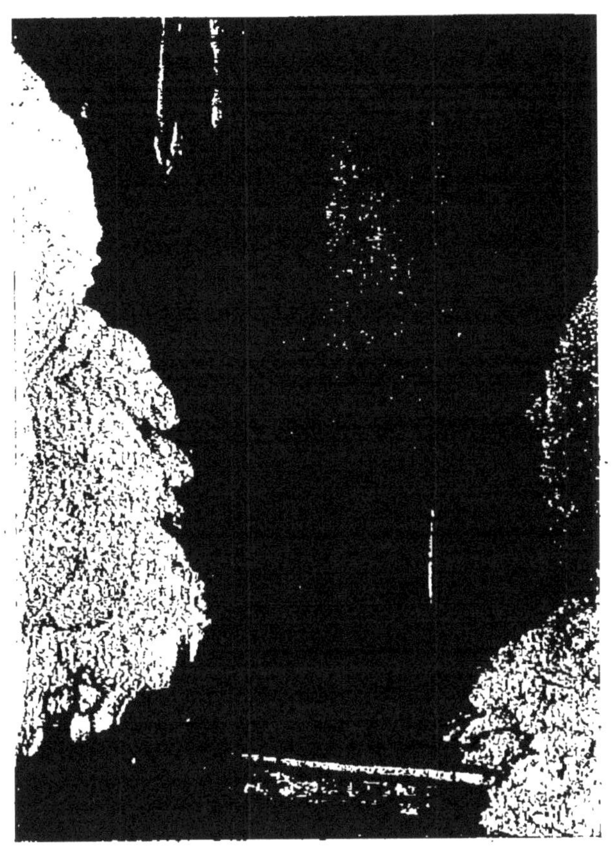

Débarcadère au Pas du Crocodile.
(Photographie de l'auteur.)

deux parties réunies atteignent 120 mètres de longueur (largeur maximum 27 m., profondeur extrême 5 m.), constitue le cinquième des chefs-d'œuvre de Padirac.

« Les barrages dits *gours* sont eux-mêmes une curiosité, et, constitués par une sorte de digue semi-circulaire de stalagmite convexe en avant, ils forment ainsi de vrais bassins de retenue et ressemblent aux *gours* que les cascades et les pierres creusent dans le lit des torrents. »

La visite actuelle dure de deux heures à deux heures et demie et ne présente aucune espèce de danger.

Le retour s'effectue par le même chemin, ce qui permet en somme une double visite : la chose en vaut la peine.

Bien remarquer l'effet de jour à la sortie de la caverne en regagnant le pied du grand gouffre.

II. — HISTORIQUE[1]. — EXPLORATION

Dès 1890 et surtout en 1895, lors de ma troisième descente, j'avais été frappé par l'existence, dans l'angle sud-est du gouffre, sous un encorbellement de rocher formant un bel abri naturel, d'un foyer avec amas de cendres, et d'une épaisse muraille en pierres sèches, d'aspect ancien, mais d'âge indéterminable; faute de temps pour exécuter une fouille sérieuse, et de compétence spéciale en matière archéologique, je préférai ne me livrer à aucune supposition sur l'âge ou l'origine de ces singuliers objets; mais en août 1896 j'eus soin de les signaler à M. A. Viré, que je savais bien familiarisé avec les recherches préhistoriques. Voici ce qu'il en pensa tout d'abord :

« M. Martel m'ayant invité à l'accompagner dans une nouvelle exploration qu'il comptait faire au mois d'août 1896, pour préparer l'aménagement du gouffre à l'usage des touristes, j'acceptai avec empressement, et il me mit en présence d'une singulière *construction*, qui l'avait vivement frappé à ses premières descentes, mais dont il n'avait pas encore osé parler, tant la chose lui paraissait étrange. »

En effet, je n'avais pas voulu m'avancer à supposer qu'il y

1. V. J.-B. Champeval, *Historique de la seigneurie de Padirac : Bulletin de la Société archéologique de la Corrèze*, t. XII, 1890, p. 173.

Mur de pierres sèches au fond du gouffre.
(Photographie de l'auteur.)

eût là quelque vestige préhistorique : l'événement a justifié cette prudence. En 1896, M. Viré fit des fouilles qui ne « livrèrent aucun objet d'industrie pouvant dater ce singulier ouvrage... La tradition ne conserve aucun souvenir de retraite en cas de guerre en cet endroit, et nous en sommes réduits là-dessus aux conjectures [1] ».

Un renseignement précieux et précis m'a été fourni sur ce sujet en mai 1900 par M. Etienne Depeyre (de Cahors), qui a trouvé le curieux passage suivant dans l'*Histoire du Languedoc,* tome XII, C. 1578.

EXTRAIT DES MÉMOIRES DE FRANÇOIS DE CHALVET DE ROCHEMONTEIX
(Bibliothèque Nationale, manuscr. latin, n° 13115; 1562-1596.)

Fuyant les troubles de la Ligue qui désolaient Toulouse, François de Chalvet quitta Toulouse le 13 avril 1595 avec son père pour se rendre à Salers, en Auvergne. Ils s'arrêtèrent au château de Castelnau. M. et Mlle de Clermont leur conseillèrent d'y attendre des nouvelles de ce qui se passait à Toulouse avant de continuer leur voyage. Leur séjour fut employé à visiter les environs : « La chapelle de *Notre-Dame de Roquemadour,* un des lieux les plus dévots de la chrétienté et un des plus sauvages de France. Et je montai et descendis les degrés épouvantables par lesquels on va de l'église au château, où je vis trois canons de Zolase que M. le marquis de Villars avait laissés là.

« Et partant de Roquemadour, je vis le trou de *Réveillon* qu'on appelle en ce pays-là, qui est une caverne sous terre, bien profonde, dans laquelle un ruisseau assez grand se fond et se perd, sans qu'on puisse savoir en quel endroit il va se rendre, ni s'il sort après en quelque autre part.

« Et non guère loin de là je vis pareillement le *puits de Padirac,* qui est une grande ouverture ronde au milieu d'une petite plaine, fort large et qui ne peut se remarquer que quand on est au bord, au fond duquel puits, horrible à regarder, on voit des sources et des eaux qui coulent; plusieurs arbres et une infinité de pigeons ramiers et autres oiseaux qui s'y nichent et retirent la nuit, et duquel endroit les habitants de ce pays vont puiser de fort bon salpêtre *en y descendant par des engins fort dangereux.* »

1. A. Viré, *Bulletin de la Société archéologique de la Corrèze,* 3e trimestre 1897, t. XIX, p. 447, et *Bulletin de la Société d'anthropologie de Paris,* 1897, p. 25.

Ainsi le foyer et la *cachette*(?) de Padirac pourraient n'être que de la fin du seizième siècle, hypothèse corroborée par ce fait qu'en 1900 des travaux dans le cône d'éboulis du fond du gouffre ont fait découvrir un fer de lance, une assiette d'étain, etc., et de menus objets d'âge peu reculé. De nouvelles fouilles en apprendront peut-être davantage.

En tous cas, ce singulier fait met le gouffre de Padirac au rang des habitations de *Cliff-Dwellers*, ou *falaisiers*, réfugiés dans des roches ou grottes inaccessibles sans moyens gymnastiques spéciaux; on sait que les *Cliff-Dwellers* sont un des mystères ethnographiques de l'Amérique du Nord; j'ai pour la première fois, sur le territoire français, signalé dès 1892 l'usage de cette pratique dans l'Aveyron, près de Millau, au *Boundoulaou* (époque néolithique) et à Riou-Ferrand (époque romaine), puis au roc d'Aucor (Lot), sous l'oppidum de Murrens, en 1894. D'autres exemples en ont été reconnus en France depuis lors.

La tradition veut qu'à la fin de la guerre de Cent ans, sous Charles VII, les Anglais, avant d'être chassés du Quercy, aient caché un riche butin, un vrai trésor, enveloppé d'une peau de veau, au fond du gouffre de Padirac! Lors de mon acquisition de la rivière (1895), en vue des travaux d'aménagement, une réserve formelle a été faite, dans l'acte de vente, par les propriétaires de la surface du sol, pour le partage éventuel de ce trésor, au cas où il viendrait à être un jour découvert!

Vers 1865-1870, M. le comte Murat et M. de Salvagnac père descendirent dans l'abîme à l'aide de cordes et d'un grand panier; non pas, comme je l'avais imprimé jusqu'à présent, pour une descente de justice et en quête d'un cadavre gisant au fond, mais bien (d'après ce que m'a dit M. de Salvagnac fils lui-même) par simple curiosité, ou même à la suite d'un pari. Mais ils ne virent pas le petit orifice qui conduit à la grande galerie souterraine et qui sans doute alors se trouvait obstrué par des blocs de pierres (V. chap. V).

C'est les 9, 10 et 11 juillet 1889, sur les indications de mon ami G. Vuillier, le dessinateur et voyageur bien connu, que je trouvai cet orifice, en compagnie de mon cousin G. Gaupillat, et que nous eûmes l'inespéré bonheur de découvrir la rivière souterraine de Padirac et de la parcourir sur une étendue de 1,640 mètres, dont 1,400 mètres pour la grande galerie principale, que nous évaluâmes alors, à cause des difficultés du parcours et du temps employé (25 heures consécutives), à la longueur exagérée de deux kilomètres. La fatigue seule nous avait contraints au retour.

A ce que j'ai dit plus haut sur cette première exploration, j'ajoute les détails suivants, empruntés à mes premiers récits et montrant quelles difficultés nous eûmes à vaincre :

« Un léger bruit nous signale le deuxième gour ; enlevons le bateau ; après quelques coups de rames, troisième gour ; cela devient plus accidenté que sur la Rivière Plane ! La voûte s'abaisse, les parois se rapprochent ; à gauche, une mince fissure oblique, où je débarque et me faufile à grand'peine sur l'argile gluante ; à droite, la roche s'avance en surplomb à 30 centimètres au-dessus de l'eau ; au risque de chavirer, Gaupillat préfère tenter le passage par là, car la fente où je me débats est trop compliquée à franchir ; il se couche donc sur le ventre au fond du bateau, qui n'a que 30 centimètres de profondeur et 20 centimètres de saillie, puis, cassant avec sa tête de petites stalactites qui l'arrêteraient et le déchireraient, il pousse du dos pour avancer et réussit à sortir de ce *Pas du Tiroir*, long de 5 à 6 mètres, sous lequel le *Crocodile* a glissé comme dans une rainure. Je le rejoins difficilement en rampant sur le dos. Nous avons perdu là plus d'une demi-heure. L'espace s'élargit, mais au bout de 10 mètres à peine tout semble se fermer. Cette fois, la rivière disparaît sous le rocher ; une fissure pourtant s'élève à droite en s'évasant ; nous devons débarquer dans l'eau jusqu'à la ceinture, dévisser les palettes des avirons, les poser en travers de la fente en un point où elle a à peu près 1 mètre de largeur, c'est-à-dire bien au-dessus de nos têtes, élever le bateau à bras tendus, puis le faire glisser sur les palettes jusqu'à ce que la fin du rétrécissement lui permette de reprendre flottaison, car la rivière redevient libre 4 mètres plus loin. Une palette se dérobe, et la barque tombe sur nous ; nous finissons par la porter sur la tête en avançant bras et jambes en croix en travers du courant, accrochés aux fluettes aspérités du rocher. Si le fond de toile de l'esquif eût été sec, nos bougies (toujours aux dents) y eussent mis le feu.

« Enfin, après un quatrième barrage, nous nous reposons (il est grand temps) au bord d'un lac circulaire de 60 mètres de diamètre coupé de plusieurs gours et d'îlots de stalagmites; la voûte ne mesure guère plus de 15 mètres de hauteur. Tandis que Gaupillat m'éclaire avec le réflecteur, j'explore le lac à pied, en équilibre sur la crête des gours, et je trouve encore une issue ; la rivière tourne à gauche et se poursuit; je rétrograde par l'autre bord de la nappe d'eau ; là il y a moins de gours, ce sera plus commode pour le bateau, mais la rive est argileuse, abrupte; une saillie de pierre se rompt dans ma main, et... je rejoins mon compagnon à la nage ; ce bain frais à 14° centigrades ne m'a pas paru trop désagréable. L'ennui, c'est que mes allumettes et briquets se trouvent mis hors de service. Aussi nous procédons à une véritable illumination : six bougies sont adaptées aux bordages, de crainte que l'éclairage ne vienne à manquer : géniale précaution, car, au retour, une fausse manœuvre en soufflera quatre à la fois !

« Sur notre droite, un trou à la voûte, une pente raide, montant assurément vers quelque immense caverne; nous en délaissons l'escalade, car elle paraît difficile, et la rivière continue à nous magnétiser. Nous sommes à 1 kilomètre du gouffre. Allons toujours !

« Il y a six gours en travers du lac, puis le onzième est le plus grand de tous : 6 mètres de haut, 12 à 15 mètres de longueur : quels bains de pieds ! Le bateau se remplit de l'eau que nos bottes y déversent chaque fois que nous y rentrons; en effet, pour mieux voir devant nous et nous relever plus rapidement, nous nous tenons à genoux, et non assis au fond. Douzième et treizième gours; la voûte se relève beaucoup; nous commençons à être harassés, et voilà que la rivière n'a plus que 70 centimètres de largeur. De précaires corniches nous permettent de nous équilibrer à 1 m. 50 de hauteur à peu près, bras et jambes de nouveau en croix en travers du courant; puis, à l'aide de nos cannes à crochets, nous faisons passer le bateau en l'inclinant sur le côté, presque de champ; la toile s'érafle sur le rocher, les membrures gémissent, rien ne casse toutefois, et le *passage des Étroits* (ainsi nommé en souvenir des gorges du Tarn) se franchit plus difficilement même que ceux du Tiroir et des Palettes.

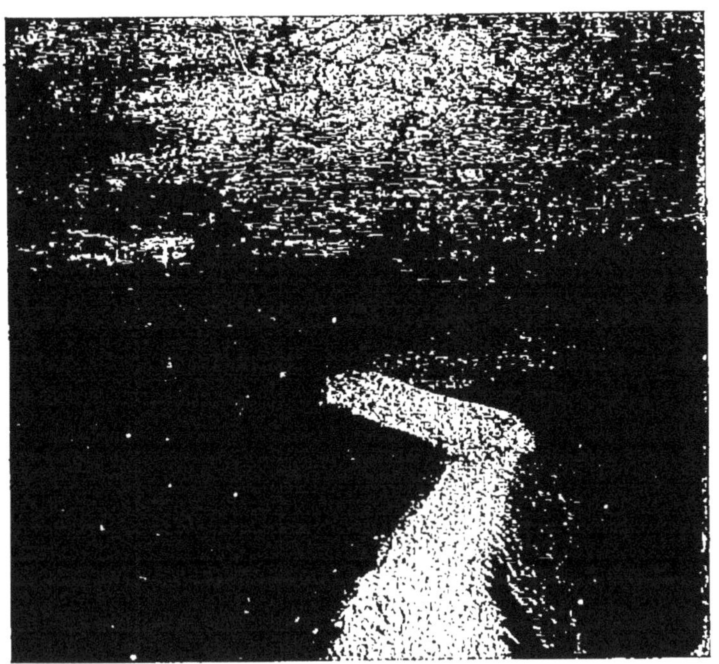

LE LONG GOUR AU LAC DES GRANDS GOURS.
(Photographie de l'auteur.)

« Trois nouveaux gours, la galerie n'a plus de stalactites; ce n'est plus beau comme aux quatre petits lacs, mais c'est toujours étrange et du plus grand intérêt géologique; le dix-septième barrage débouche dans un sixième lac, de 35 mètres de diamètre, celui des Étroits; nulle part on ne peut atterrir, les parois plongent sous l'eau, et la profondeur dépasse 5 mètres. — Malgré quelques coudes rectangulaires, la direction générale est toujours droit au nord, vers la Dordogne.

Les gours se succèdent presque sans interruption, plusieurs sont multiples; nous entrons dans un septième lac, sous un dôme de 20 mètres de hauteur et de diamètre. C'est la fin, tout paraît clos autour de nous, la rivière s'enfuit par-dessous sans doute! Erreur : dans un angle s'est percé un tunnel, large, mais haut seulement de 50 centimètres à 1 mètre; au-dessus, point de fissure. Cependant l'écho nous envoie par le tunnel la lointaine et douce harmonie des gouttes qui chantent en tombant; la merveille se continuerait-elle donc? Nous délibérons : il a plu hier, le temps était orageux ce matin, et depuis sept heures que nous sommes enterrés, peut-être le ciel s'est-il ouvert, peut-être la rivière va-t-elle gonfler! Pourrons-nous repasser? Eh! qu'importe! L'inconnu se prolonge, attirant, irrésistible; en avant, encore en avant, à la découverte!... Hourra! le tunnel a 20 mètres de long et débouche dans une nouvelle fissure, dont le plafond se relève à 50 mètres; jusqu'où irons-nous ainsi? Les trois gours 24 à 26 coupent le plus grand lac (75 m. sur 20), celui de la *Chapelle,* ainsi nommé d'une jolie petite baie en forme d'absidiole. Là aussi il y a une issue continuant cette galerie, qui nous entraîne toujours et toujours. Cela devient terrifiant! Encore huit gours, très rapprochés les uns des autres; nous sommes ruisselants; l'eau commence à engourdir nos membres; la provision de bougies s'épuise; alors nous nous souvenons que nous avons des montres : il est deux heures; depuis quatre heures nous naviguons et portons le bateau seuls tous deux; 1,350 mètres nous séparent d'Armand et de Foulquier, et près de 2 kilomètres de l'orifice de Padirac; à quelques mètres devant nous murmure un trente-quatrième gour, puis la galerie tourne à gauche. Où va-t-elle? Nous ne le saurons pas cette fois, car le retour s'impose : la fatigue nous abat, et les obstacles seront peut-être plus pénibles à remonter qu'à descendre. En retraite, hélas! et la suite à l'année prochaine, car nos vacances sont finies.

« En deux heures et demie nous retournons sans trop de difficultés, connaissant maintenant le chemin; mais il faut bien soigneusement revoir notre croquis topographique et apprécier aussi exactement que possible les distances, pour dresser un plan sommaire sans lequel nos futurs comptes rendus risqueraient de passer pour un roman; au *Grand Gour* (le onzième) nos bras refusent tout service, et, sur le lit rugueux de la

PASSAGE DES TUNNELS.
(Dessin de M. de Launay, d'après nature. Extrait des *Abîmes*.)

cascade stalagmitique, nous traînons notre malheureuse embarcation, que nous n'avons plus la force de soulever : la coque se déchire; voilà une voie d'eau que nous bouchons tant bien que mal; il faut éponger constamment. Enfin nous trouvons avec joie la fin de nos peines aux quatre petits lacs. En quelques minutes nous remontons la Rivière Plane, et, après six heures et demie d'absence, nous rejoignons nos deux compagnons, fort inquiets sur notre sort, et stupéfaits de notre récit. Déjà Armand s'occupait d'organiser le sauvetage. A sept heures nous étions tous quatre rendus à la surface de la terre avec armes et bagages, bien heureux, Gaupillat et moi, d'échanger nos vêtements trempés contre des secs, aux chauds rayons d'un magnifique soleil matinal, et de nous restaurer copieusement; depuis treize heures nous n'avions rien bu ni mangé...

« Et pendant plus d'un an ensuite, il ne s'est guère passé de jour où nous ne nous soyons demandé, un instant rêveurs : « Et Padirac? Où cela finit-il? » (*Les Abîmes*, p. 272.)

Les 9 et 10 septembre 1890 eut lieu notre deuxième expédition, à laquelle s'adjoignit mon beau-frère M. L. de Launay, professeur à l'Ecole des mines. Alors furent découverts le Grand Dôme (passé inaperçu l'année précédente) et une prolongation de la galerie principale, *évaluée* alors à 600 mètres (au lieu de 260 mesurés depuis); l'arrêt fut provoqué par la rencontre de la Grande Barrière, jugée, sur le moment, infranchissable. Cette recherche, comme la première, dura 25 heures.

« Le 9 septembre 1890, quatorze mois jour pour jour après notre première descente, nous nous retrouvions au bord du gouffre de Padirac à deux heures de l'après-midi; la presse locale ayant beaucoup parlé de notre découverte et annoncé même la nouvelle expédition, il y avait plus de mille personnes massées en spectateurs au bord du gouffre; la gendarmerie du pays avait grand'peine à faire la police et à contenir les imprudents pour empêcher les accidents, que nous eûmes fort à redouter.

« Transport de 700 kilos de bagages, vivres préparés, équipe d'hommes mise à notre disposition, tout avait été admirablement organisé d'avance par les soins de plusieurs habitants de la région devenus maintenant nos amis : E. Rupin, B. de Materre, Ph. Lalande, E. de Salvagnac.

« Temps splendide, eaux très basses partout après une longue sécheresse : l'entreprise s'annonçait et devait en effet marcher très bien.

« Nous avions, cette fois, 62 mètres d'échelles de cordes

(au lieu de 32 l'année précédente), trois bateaux, deux appareils photographiques et une lampe électrique perfectionnée. Le programme était de passer la nuit sous terre, puisqu'il nous fallait au moins douze heures pour aller jusqu'au trente-quatrième gour et en revenir, et de ne remonter que quand nous aurions fini : il fut exécuté à la lettre.

« Il eût été fort amusant d'observer et d'analyser les étonnements du public qui nous attendait depuis le matin pour être sûr de ne pas nous manquer. Mais cette affluence de curieux nous impatientait fort, entravant nos manœuvres et nous jetant dans de continuelles transes, de peur de chutes au gouffre béant. L'installation dure longtemps, et ce n'est pas avant trois heures que l'échelle est disposée; à quatre heures nous sommes tous les cinq au fond du gouffre. Le bruit des conversations gêne fortement la transmission des ordres; avec tout notre attirail, il y a plus de vingt gros paquets; il ne faudra pas moins de quatre heures pour les descendre tous au bout d'une corde et les amener à l'orifice du puits du gour; Armand et Foulquier se fatiguent beaucoup à les transporter du haut en bas du talus de pierre. Pendant ce temps, Gaupillat et de Launay dessinent et font de la photographie : je lance du fond du gouffre, pour saluer le public, une des montgolfières de papier qui doivent nous servir à mesurer la hauteur des voûtes dans les galeries; des applaudissements nous répondent, et l'orifice se garnit entièrement de têtes penchées sur le bord de l'abîme pour mieux nous voir. Je frémis encore en me demandant comment personne n'est tombé : la moindre poussée eût déterminé une catastrophe. MM. Pons et de Jaubert nous rejoignent dans le trou; ils m'ont supplié de leur faire voir au moins la rivière, et j'ai consenti à les laisser descendre aussi; je les mène dans la galerie d'amont, où le ruisseau coule à peine. Un filet d'eau imperceptible sort de la vasque argileuse du fond; les eaux vont donc être moins abondantes que la première fois, et nous passerons peut-être plus aisément. Je suis tout surpris de retrouver sur l'argile des empreintes de pas, celles de nos pas de l'an dernier évidemment, car il est constant que personne n'est venu là sur nos traces ; il ne se sera sans doute produit aucune crue interne depuis quatorze mois, assez forte du moins pour effacer ces empreintes.

« Quand nous remontons de la galerie du Ruisseau, Armand a déjà posé des échelles et des cordes dans les puits du Gour et de la Fontaine : je conduis en hâte mes deux amateurs jusqu'à la grève d'embarquement. Ils sont stupéfaits, et navrés de ne pas pouvoir nous accompagner plus loin. Mais avec notre *impedimentum* de luminaire, de vivres, de cordages, de photographie, etc., il n'y a pas une seule place pour eux dans nos trois barques.

« A sept heures trente minutes, MM. Pons et de Jaubert remontent, ou plutôt se font hisser à la surface du sol; il fait nuit, et c'est à la lueur du magnésium que s'exécute cette manœuvre, rendue très compliquée par l'embrouillement de deux cordes autour de l'échelle.

A huit heures enfin, nous sommes enchantés de nous retrouver tous les cinq bien tranquilles et d'entamer le vrai travail, loin des curieux.

« Un regard levé vers le ciel étoilé nous le montre comme un plafond tout cloué d'or. Quatre veilleurs vont passer la nuit au bord du trou, près du téléphone que je viens de dérouler jusqu'au delà du Pas du Guano (300 mètres de câble développé).

« Le dernier paquet n'arrive à la Fontaine qu'à neuf heures et demie : notre *impedimentum* n'en finit pas; nous faisons un solide et joyeux dîner, avec une heure de repos devenue nécessaire. Il faut encore plusieurs voyages de la Fontaine à la grève d'embarquement pour « tout le bibelot », comme dit Armand.

« Enfin, à minuit trois quarts les trois bateaux quittent la berge.

« De Launay et moi dans un *Osgood portable folding canoe* tout neuf, *le Caïman* (car notre pauvre *Crocodile*, qui nous avait déjà portés sur le Tarn, Bramabiau et l'Hérault, n'a guère survécu à son labeur de l'an dernier ; il a achevé de s'éventrer à Pâques 1890, aux grottes de Rochefort et de Han, en Belgique); Gaupillat et Foulquier, dans un autre Osgood tout neuf aussi, *l'Alligator;* Armand tout seul dans une petite barque système Berthon (*le Cachalot*), trop restreinte pour deux personnes, plus lourde, mais plus solide (grâce à ses cloisons étanches) que les Osgood, et destinée à assurer la retraite en cas d'avarie irréparable survenant aux deux autres embarcations.

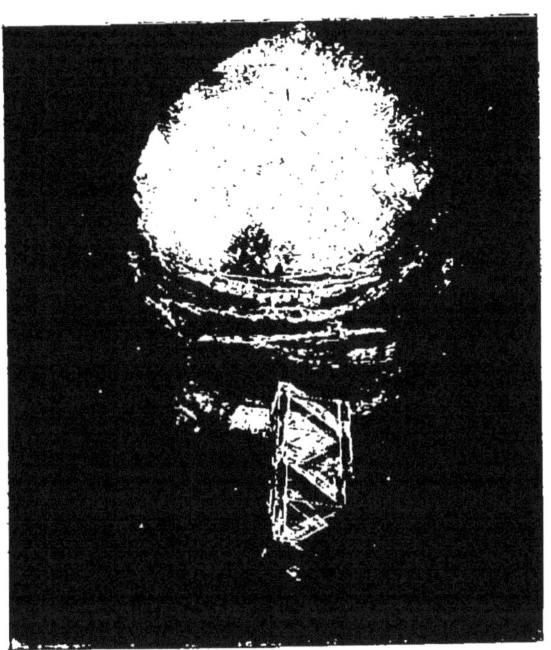

L'ORIFICE DE PADIRAC, VU D'EN BAS.
(Photographie de l'auteur. Communiqué par le Congrès géologique de 1900.)

« Le départ est majestueux : la flottille tout illuminée produit un effet charmant sur la Rivière Plane, dont la lampe électrique et le magnésium éclaircissent les colossales voûtes.

« Les péripéties sont les mêmes que la première fois; l'enthousiasme plus grand encore.

« Les lacs de la Pluie avec la Grande Pendeloque, des Bouquets, des Bénitiers, sont décidément une merveille.

« Elle nous paraît encore moins large, la sortie du lac des Bénitiers!

« Bien que le niveau de l'eau se trouve un peu plus bas cette année, les Pas du Tiroir et des Palettes restent aussi pénibles.

« Au lac des Gours, nous gravissons la pente obscure délaissée l'an dernier, et nous découvrons une nouvelle merveille : cette pente est un gour géant haut de 23 mètres; incliné à 35°, il descend d'un lac de 15 à 20 mètres de diamètre, retenu dans sa vasque de cristal par une ravissante digue serpentiforme de stalagmite, qui paraît toute en corail blanc et sur la crête de laquelle on peut marcher. D'ici le coup d'œil est féerique. Le gour et le lac constituent en somme le sol de la plus vaste salle de Padirac, longue de 60 mètres, large de 20; la voûte s'élève en dôme à 40 ou 50 mètres au-dessus de nos têtes, soit à 70 ou 80 au-dessus du lac des Gours, sur lequel nous apercevons en bas, au pied de la longue déclivité, nos trois bateaux et les reflets de la lampe électrique. C'est sublime, cette superposition de deux lacs dans l'immensité d'une coupole où les stalactites étincellent de toutes parts. La fumée légère du magnésium monte en spirale et se dissipe avant de toucher aux voûtes, tant elles sont hautes. La délicatesse et les circonvolutions de la margelle du lac supérieur excitent surtout notre étonnement.

« Cette charmante concrétion rappelle les terrasses calcaires des *Mammoth Springs* dans le Parc national du Yellowstone, et la grande salle où nous sommes reçoit incontinent le nom de *Salle des sources du Mammouth* (actuellement le Grand Dôme). Dans l'angle sud-ouest bâille une fissure verticale qui paraît descendre au Pas des Palettes. Quand le suintement des voûtes remplit le lac supérieur, il déborde par-dessus sa digue, et la grande pente forme cascade jusqu'au lac des Gours.

« Même si nous ne dépassons que de quelques mètres notre point extrême de 1889, nous n'aurons pas perdu notre temps, en revenant, car la salle des sources du Mammouth est à elle seule une magnifique trouvaille, manquée de bien peu l'an dernier.

« Quel dommage de ne pouvoir demeurer longtemps ici !

GOURS SUCCESSIFS ET PORTAGE DES BATEAUX.
(D'après un fusain de M. L. de Launay. Extrait des *Abîmes*.)

mais il est déjà deux heures et demie du matin, et il faut avancer, car savons-nous quand nous sortirons du souterrain?

« Aucun incident notable jusqu'au tunnel; les gours deviennent de plus en plus pénibles à franchir, mais les Etroits ne nous donnent pas trop de peine.

« Nous nous rendons compte — ce qui nous avait échappé lors de notre premier passage — que le tunnel est double, composé de deux parties perpendiculaires l'une à l'autre et séparées par un joli petit lac tout rond, à la voûte sphérique, ayant 10 mètres de diamètre et de hauteur; le second tunnel est un peu plus élevé que le premier (2 m. environ).

« Ainsi le lac de la Chapelle est le dixième, et non le huitième, puisqu'il faut y ajouter celui des sources du Mammouth et le lac Rond. Nous y trouvons 6 mètres de profondeur (ce qui peut être considéré comme une moyenne pour les autres nappes d'eau déjà traversées).

« Je m'aperçois aussi que le lac de la Chapelle est un peu plus petit que je ne l'avais cru d'abord (50 à 60 mètres de longueur au lieu de 75 mètres).

« Mais ces corrections de détail ne changent rien aux observations d'ensemble, et je retrouve les mêmes formes et directions.

« C'est un moment presque solennel que celui où, le trente-quatrième gour franchi, nous arrivons enfin, à cinq heures, au coude où l'inconnu va commencer.

« Cela continue-t-il? Oui, mais droit vers l'ouest, avec un changement de direction complet.

« Trente-cinquième gour; puis une petite grève, où nous prenons quelques instants de repos. La lassitude nous accable; Gaupillat prétend qu'il vient de s'endormir tout debout depuis cinq minutes; l'humidité raidit nos membres; nous sommes à plus d'un kilomètre du point d'embarquement; comme il est tard! Bateaux et bagages sont horriblement lourds; si cela se poursuit longtemps, nous abandonnerons une deuxième fois la partie, quitte à la recommencer; que devenir en effet si l'un de nous tombait épuisé?

« Le transport des colis et la salle des sources du Mammouth nous ont beaucoup retardés.

« On veut changer le liquide chromique de la pile électrique : la bonbonne qui renferme la provision ne se trouve dans aucune des trois barques : on l'a oubliée ! Amère déconvenue ! Le bidon à huile est resté aussi : quelle étourderie ! Les lampes de mineurs ne dureront plus guère. Le sac aux bougies a été emporté heureusement ; il contient plus de seize heures d'éclairage pour chaque bateau et plus d'un kilomètre de fil de magnésium : alors tout va bien ! Nos forces ne se maintiendront pas si longtemps ; mais c'est égal, il y a eu un moment d'angoisse : 1 kilomètres de rivière souterraine et de lacs profonds sans lumière ! voilà une perspective bien propre à donner le frisson. La retraite eût été impossible !

« Décidément nous n'en pouvons plus. Nous irons jusqu'à sept heures, et puis nous ferons demi-tour, quoi qu'il arrive. Il ne faut pas que les muscles nous trahissent au retour.

« En route : à quelques mètres, le trente-sixième gour est d'argile, en dos d'âne ; j'y pose le pied, et, en levant l'autre pour débarquer, je glisse et je tombe dans l'eau jusqu'au cou ; mes pieds ne sentent pas le fond, je me cramponne à l'argile qui cède ; mon beau-frère me tend la main et me tire d'affaire. Je ne suis guère plus mouillé qu'avant, car les voûtes pleurent assez pour nous avoir tous trempés depuis longtemps.

« La flottille passe à grand'peine : le travail devient surhumain ; soudain la rivière nous quitte, disparaît sans doute par une fissure du fond ; la galerie continue pourtant, ayant 20 mètres d'élévation, mais sèche et toute en graviers. Nous débarquons dans ce beau couloir qui paraît se prolonger ; au bout de 200 mètres, revoici l'eau, un onzième lac ; nous nous laissons choir sur le sol, épuisés : c'est le *lac du Découragement*, large et s'étendant loin.

« Mais il n'est que six heures un quart ; nous nous sommes donné encore trois quarts d'heure ; un peu de courage, un dernier effort, il faut les employer. L'aspect différent du terrain nous fait espérer que nous touchons au but... peut-être !... Et nous hochons la tête, tous assez décontenancés.

Puits de la Fontaine avant l'aménagement.
(Photographie de M. Rupin, 1895. Communiqué par *Photo-Gazette*.)

« Armand et Foulquier vont chercher un des bateaux; c'est bien pénible! J'y monte avec Armand. Le lac a près de 100 mètres de long, et de belles stalactites pendent de la voûte à 20 mètres de hauteur environ. Plus de gours, Dieu merci, un petit rétrécissement, puis un douzième lac de 60 mètres de longueur; au bout, une grève de sable, 10 mètres d'étroite galerie, abaissement des voûtes, cul-de-sac complet, partout la muraille! serait-ce tout? Cherchons bien : pas un trou, pas une fente, pas une fissure. C'est le fond, Padirac est fini! Six heures trois quarts, il était temps!

« Nous rejoignons nos trois compagnons : de Launay et Gaupillat nous remplacent dans la barque et s'en vont constater à leur tour que le *lac de la Fin* mérite bien son nom. Ils en reviennent convaincus comme nous, et sur l'instant toute fatigue disparaît!

« A sept heures et demie, un verre de vin achève de nous ranimer; nous ne prenons pas le temps de manger, pressés que nous sommes de revoir le jour, et nous rétrogradons pour regagner la grève d'embarquement en trois heures, sans le moindre accident, désolés seulement de ne pouvoir admirer plus en détail.

« De dix heures et demie à une heure et demie, Armand et Foulquier vont au téléphone annoncer l'heureux résultat et opèrent le transport des bagages jusqu'à la Fontaine.

« Gardant deux bateaux, Gaupillat, de Launay et moi, nous consacrons ces trois heures à faire de la photographie au magnésium, des dessins et de la topographie jusqu'au deuxième gour.

« A deux heures enfin, déjeuner à la Fontaine; nous n'avions pas mangé depuis seize heures, depuis la veille à dix heures du soir. Mais nous souffrions plus de l'humidité et de la courbature que de la faim.

« Nos bras, après les soixante-douze portages de bateaux (trente-six gours aller et retour) étaient ankylosés à la jointure et ne pouvaient s'allonger sans douleur.

« A la Fontaine, nous éprouvons une étrange sensation : dans le petit lac qu'elle forme nous apercevons une lueur blanche, comme s'il y avait une lampe au fond de l'eau; c'est si singulier qu'il nous faut quelques instants pour reconnaître dans cette lueur un très faible rayon de jour tombant de 103 mètres de hauteur par le grand gouffre et les sinuosités des deux petits puits. Tout pâle et mince qu'il soit, ce rais lumineux semblable à un rayon de lune qui se glisserait dans un trou de serrure, il nous fait grand plaisir à regarder quand nous nous amusons à éteindre toutes nos lumières pour le percevoir un peu mieux !

« Nous décidons de laisser tout le matériel à la Fontaine, sauf le téléphone et la photographie. On reviendra le chercher demain. « Ç'a été trop dur! » déclare Gaupillat; et Armand, qui jamais ne fait d'objection, même dans les plus pénibles manœuvres, ajoute cette fois avec conviction : « Oui! tout de même un peu! » Je ne suis pas sans appréhension sur les 80 mètres d'échelles qui nous restent encore à gravir : l'escalade du puits du Gour achève de nous briser les membres, mais la vue du ciel bleu, si beau à retrouver après vingt-trois heures d'obscures cavernes, les voix qui nous hèlent d'en haut, le retour à la vie enfin, nous donnent le dernier souffle nécessaire, et à quatre heures nous sommes tous sur terre.

« Nos amis nous accueillent avec joie, mais ils nous trouvent anéantis. Notre mine est piteuse et risible, paraît-il : vêtements déchirés, couverts d'une couche d'argile et de taches de bougie, chapeaux défoncés, mains tout écorchées : on dirait une équipe d'égoutiers, et Rupin tient absolument à braquer son objectif et à nous instantanéiser dans ce bel état.

« Le soleil, un cordial et des vêtements secs ont vite fait de nous remettre.

« A six heures, il n'y a plus au bord du trou que les tréteaux des buvettes installées la veille. » (*Les Abîmes,* p. 277.)

Cinq ans plus tard seulement, les 28-29 septembre 1895, j'entreprenais la troisième expédition, avec MM. E. Rupin, G. Pradines, Delclaux, R. Pons et Aymard. Un accident, qui faillit devenir une tragédie, l'entrava : la barque en toile qui me portait, avec MM. Pradines et Delclaux, bien en avant de nos autres compagnons, ayant brusquement chaviré, nous faillîmes être noyés tous les trois, et nous ne dûmes notre salut, toutes les bougies s'étant éteintes, qu'au plus miraculeux hasard. Je reproduis le récit de cet accident.

« Le samedi 28 septembre, à 3 heures et demie de l'après-midi, nous arrivions au bord du splendide gouffre, auquel je ne connais point de rival.

« En trois heures la tente fut plantée pour nous servir de cabinet de toilette, serrer les bagages et abriter les hommes de garde pendant la nuit; l'échelle de corde de 54 mètres fut disposée au même endroit que lors des deux premières expéditions de 1889 et 1890, et nous nous trouvâmes tous en bas du dernier puits, *à la Fontaine,* y compris M. Delclaux, neveu du curé de Padirac et architecte de Toulouse, qui m'avait prié de le mener au moins jusqu'à l'embarcadère de la Rivière Plane.

« MM. Pradines et Aymard devant reprendre le premier train du dimanche matin, il avait été convenu que je leur montrerais seulement avec un bateau le premier kilomètre de la caverne, jusqu'au *Pas du Tiroir,* trop long à franchir pour les mener au delà. Pendant ce temps Rupin, Pons et Armand devaient s'occuper de faire descendre et de transporter à l'*embarcadère* tous les paquets nécessaires pour la suite de l'expédition (bateaux, cordes, vêtements, provisions, bougies, etc.).

« A huit heures, deux barques étaient montées et flottantes : M. Aymard, souffrant cruellement d'un œil à cause d'un malencontreux petit charbon entré sous sa paupière durant le trajet de chemin de fer du matin, et qu'on n'avait pas pu venir à bout d'extraire, dut, à son grand regret, renoncer à poursuivre l'excursion; j'offris alors, de moi-même, sa place à M. Delclaux, qui s'empressa de l'accepter.

« Et nous voilà partis trois dans un seul bateau, sous l'œil de Rupin qui nous voit nous éloigner non sans quelque souci.

« En effet, j'ai commis ainsi, en chargeant trois passagers dans un de ces trop légers bateaux américains pliants en toile (système Osgood), jusqu'à présent employés dans nos recherches, une véritable imprudence, d'autant plus qu'il était déjà fort usé et que, pour plus de commodité, j'avais, au lieu de nous asseoir simplement dans le fond de la barque, fixé aux deux places d'avant et d'arrière les deux pliants de toile; précédemment j'avais renoncé à ces pliants comme encombrants, et parce qu'ils portaient le centre de gravité beaucoup trop au-dessus de la ligne de flottaison. Je ne sais quelle fâcheuse idée me les fit reprendre en la circonstance. Bref, j'ai eu le tort de croire que mon expérience et ma connaissance des lieux me permettaient de me départir, dans une certaine mesure, de la prudence extrême et des précautions minutieuses observées jusqu'à présent. On va voir comment cette erreur faillit nous devenir fatale.

« Le parcours des 280 mètres de la *Rivière Plane* s'effectua fort bien, mais, la barque me semblait lourde à mener à la pagaie; plusieurs fois, j'observai tout haut que nous étions trop chargés, et je priai instamment mes deux compagnons de remuer le moins possible, le plat-bord ne dépassant la ligne de flottaison que d'une dizaine de centimètres à peine. Le *premier gour*, les lacs *de la Pluie*, *des Bouquets*, *des Bénitiers*, le *Pas du Crocodile*, furent aussi franchis sans encombre, et l'enthousiasme de MM. Pradines et Delclaux était à son comble, quand je leur donnai le signal du retour, au point convenu.

« A peine avions-nous commencé à rebrousser chemin et pénétré dans le lac *des Bénitiers*, en ressortant du *Pas du Crocodile*, qu'un faux mouvement ou un choc demeuré inexpliqué fit dévier le canot en travers du lac : sa proue s'engagea sous une strate rocheuse en encorbellement (à 30 ou 40 centimètres au-dessus de l'eau); je me heurtai du côté droit contre la muraille et perdis mon équilibre; en vain je repoussai l'obstacle aussi doucement que possible : le bateau, trop enfoncé, s'était suffisamment penché vers la gauche pour que l'eau y entrât par-dessus le bord en avant; et, en moins de temps qu'il n'en faut même pour y songer, il chavira; nous tombâmes tous trois à l'eau, et toutes nos bougies s'éteignirent. Le passage subit à cette obscurité de catacombe m'impressionna tout d'abord beaucoup plus profondément que l'immersion complète dans l'eau à 12°, la sensation du froid était totalement annihilée par celle, réellement terrible, de ce noir parfait, et je comprends, depuis ce moment, la répulsion instinctive que l'ombre des cavernes inspire à certaines personnes; auparavant, je ne m'étais jamais imaginé l'horreur véritable de ces ténèbres souterraines, absolues comme le néant.

LE NAUFRAGE (28 septembre 1895).

« Malgré la brusquerie de la surprise et du bain, nul de nous trois ne perdit son sang-froid, et chacun a même conservé des quelques secondes employées au sauve-qui-peut les plus nets souvenirs, que voici fidèlement rapportés :

« M. Delclaux, sombré le dernier, avait pu, d'un rapide coup d'œil, à l'instant où s'éteignaient les bougies, se rendre compte de la situation et distinguer, presque à l'arrière du bateau, une plate-forme de stalagmite à fleur d'eau; en deux ou trois brassées il l'atteignit, s'y hissa et fut en mesure de porter secours aux deux autres immergés.

« M. Pradines s'était, après moi, heurté contre l'encorbellement de roche; repoussé aussi vers la gauche, il compléta le mouvement de bascule que j'avais provoqué et me suivit dans l'eau; embarrassé par un havresac qu'il portait sur le dos, il commença par saisir une des jambes de M. Delclaux venue à portée de sa main, puis il la lâcha, craignant de le noyer; néanmoins il prit vite contact avec la rive droite du lac (à notre gauche au moment du naufrage) : mais la paroi était à pic, et il ne pouvait trouver pied; il s'accrocha du bout des doigts dans une petite fissure, et resta plongé dans l'eau jusqu'au cou, en attendant que M. Delclaux, solidement installé, réussît à lui tendre la jambe et à le tirer à côté de lui.

« Pour moi, l'opération dura plus longtemps : j'avais été projeté sur l'autre côté du lac (large ici de 7 à 8 m. et peut-être profond d'autant), absolument inconscient de la direction à prendre en nageant; bottes et vêtements me paraissaient singulièrement lourds; tout à coup je sens le bateau qui remonte sous moi : retourné, il flottait le fond en l'air; je grimpe à cheval dessus, me croyant hors d'affaire; mais presque aussitôt je me sens de nouveau repoussé à l'eau par le fatal encorbellement qui a causé l'accident; le canot se glisse dessous, et me voilà de nouveau livré à des brassées désespérées. J'avoue ne pas les avoir comptées; mais je les trouvais longues et épuisantes; la présence d'esprit commençait à m'abandonner, et, toujours incapable de prendre pied, je me souviens nettement d'avoir crié par deux fois : « Je suis noyé. » Et cependant j'ai éprouvé certainement une bien moindre frayeur que lors de notre traînage en ballon, sous la nacelle retournée, avec ma femme et Gaupillat, le 28 juillet 1890[1] (une autre circonstance de ma vie que je ne me rappelle jamais sans frémir). Je n'ai point vu, comme alors, passer devant ma pensée l'éclair subit et rétrospectif de mon existence entière. Enfin mes deux amis, étant saufs, purent me guider de la voix et me rendre la direction perdue : j'avais certainement fait le tour du lac, car leur appel : « par ici, par ici, nous sommes solides, » n'était

1. Voir *Annuaire du Club alpin français* pour 1891 : *En ballon libre*, par G. Gaupillat.

guère proche; il suffit cependant à me rendre l'énergie nécessaire, et après quelques coups de jarret j'atteignais un mur de roche et je sentais une main sur ma tête; c'était celle de M. Delclaux, que je saisis vite; seulement il ne pouvait me faire monter sur sa plate-forme, déjà trop étroite pour deux. En tâtonnant des deux pieds et de ma main droite restée libre, je réussis à rencontrer un fond de sable et une autre plate-forme, sur laquelle je fus hors de l'eau en un instant. Le tout avait duré assurément moins d'une minute.

« Un premier point se trouvait acquis : nul de nous n'était noyé.

« Il ne restait plus qu'à se procurer de la lumière pour reconnaître la position, fort précaire, — à éviter la fluxion de poitrine, en combattant l'immobilité et le refroidissement, — et à chercher les moyens de rétrograder autrement qu'à la nage, ce qui nous eût été difficile, sur près de 400 mètres de longueur en eau profonde.

« M. Delclaux avait su rester assez maître de lui-même pour ne pas lâcher, quoique éteinte, la bougie qu'il tenait à la main au moment de sa chute : nous en avions d'ailleurs dans nos poches. Mais les allumettes étaient trempées, et il ne restait d'espoir qu'en celles de ma réserve secrète : deux boîtes en métal, enveloppées de toile cirée et placées sur ma poitrine, dans deux pochettes fermées de ma chemise de flanelle; c'est une précaution dont je ne me suis jamais départi, parce qu'elle s'est trouvée plus d'une fois la bienvenue. On devine avec quelle minutie je me mis en devoir de procéder, sous mes vêtements ruisselants, à l'extraction des précieuses boîtes, tout en ne perdant pas l'équilibre, car nous ignorions et l'étendue et la solidité de nos supports stalagmitiques. La première boîte était remplie d'eau, et son contenu hors de service; mais la seconde, bien sèche, nous rendit, presque au premier essai, la flamme libératrice[1]. Jamais radieux soleil n'avait reçu de nous plus joyeux salut que cette vacillante lueur, nous soustrayant

1. Ce fut une véritable chance, car le lendemain nous avons voulu nous assurer, par curiosité, si les autres allumettes étaient bonnes, et aucune n'a donné du feu.

au poids des ténèbres. Plusieurs bougies furent aussitôt allumées et solidement fixées : tout de suite nous vîmes que notre position était sûre, que le bateau réfugié sous l'encorbellement n'était ni crevé ni coulé, qu'en retraversant le lac à la nage nous le ramènerions à nous, et que nous pourrions probablement le remettre à flot, malgré la position difficile dans laquelle nous nous trouvions. Ma montre, pleine d'eau, s'était arrêtée à 8 h. 45, donnant l'heure de l'accident.

« La retraite paraissait donc assurée, et je me disposais déjà à effectuer un nouveau plongeon, volontaire et éclairé cette fois, pour aller querir notre embarcation, quand une lueur se fit entrevoir du côté de la *Rivière Plane,* distante de 100 mètres environ. Immédiatement nous criâmes : « Au secours, Armand, au secours! » pensant que mon dévoué contremaître, ayant précipité le transport des paquets, s'était hâté de nous rejoindre avec Rupin et Pons; ce renfort, arrivant plus tôt que nous ne pouvions l'espérer, allait singulièrement faciliter le retour. Aussi ne nous fîmes-nous point faute de hurler « à l'aide » de toute la force de nos poumons. Soudain un bruit insolite se fit entendre, la lueur s'éteignit brusquement, une bourdonnante et confuse réponse nous parvint sans aucune parole distincte, et tout rentra dans le mutisme.

« Toujours est-il que la disparition de la lumière et le retour du silence, troublé seulement par la chute monotone des gouttes de suintement, nous causèrent de nouveau une pénible impression; nous nous demandions, assez angoissés, s'il n'était pas survenu un second accident à nos autres compagnons.

« Une vingtaine de minutes d'attente indécise furent employées à vider un flacon de rhum, — que Pradines n'avait pas perdu et qui arrêta un peu le frisson dans nos membres glacés, — puis à tordre nos vêtements trempés d'eau. Enfin, comme il fallait en finir, je retirais mes bottes et le reste de mes habits pour aller plus commodément reprendre possession de la barque, quand de nouveau une lueur parut vers la *Rivière Plane.* « Est-ce vous, Armand? » criai-je; et cette fois la réponse nous parvint, affaiblie tant par la distance (100 m.)

que par l'émotion : « Oui! qu'est-ce qu'il y a? un accident? — Oui! mais nous sommes tous sauvés! Venez vite. — Sauvés, bon, me voilà. » Et cinq minutes après, Armand, dans le bateau Berthon, arrivait à grands coups de pagaie et, pâle comme un linge, serrait nos mains à les briser. « Ah! Mon« sieur Martel, vous nous en avez fait une peur! » (*Mémoires de la Société de spéléologie*, n° 1, janvier 1896, et *Bulletin de la Société scientifique de la Corrèze*, t. VII, 1896.)

Voici ce qui s'était passé.

Derrière nous M. Rupin avait suivi à quelque distance, seul dans le bateau Berthon : à un certain moment le bruit sourd de notre plongeon et l'écho de nos cris de détresse lui étaient parvenus, répercutés par les hautes voûtes, et singulièrement affaiblis. Pressant l'allure de sa pagaie, il était venu crever la première enveloppe de son embarcation contre l'obstacle du premier gour, alors inconnu de lui; bouchant le trou avec de la terre glaise, il avait sans hésitation fait volte-face pour prévenir Armand, au risque de couler à pic et de se noyer lui-même, mais comprenant bien sa réelle impuissance à nous porter secours, tout seul et dans une ignorance absolue des lieux. Heureusement il avait pu rejoindre et prévenir Armand, lequel, achevant de boucher la déchirure, avait sauté dans la barque et accouru vers nous.

On juge de l'état d'âme de nos compagnons et amis durant cette véritable crise, qui pour eux se prolongea toute une mortelle heure!

Armand nous ayant aidés à remettre le bateau submergé à flot, nous reconduisîmes MM. Delclaux et Pradines à l'embarcadère, d'où ils regagnèrent la surface du sol. Pour moi, séché et restauré, j'achevai avec Rupin et les autres la nuit dans le souterrain et au Grand Dôme. Mais il fallut cette fois renoncer à visiter la seconde moitié de la rivière, et se borner à des constatations fort intéressantes d'ailleurs, — à trouver complètement tarie (28 septembre au soir, et pour quelques heures seulement) la fontaine souterraine qui alimente la rivière, — à étudier les variations du régime de celle-ci, — à découvrir de nouveaux accès au Grand Dôme, — et à lui reconnaître une élévation totale de 91 mètres, à l'aide de montgolfières à air chaud attachées à un fil. A l'extérieur, j'employai deux jours, sur la surface du plateau, à examiner les points où les eaux de pluie ou de petites sources se perdent dans d'impénétrables fissures, origine première de la rivière souterraine.

A la suite de cette troisième expédition intervinrent les conventions, relatées ci-après, qui devaient enfin permettre l'aménagement de Padirac.

En 1896, la quatrième visite (avec MM. Rupin et Pons que j'y avais conviés) fut consacrée, du 28 mars au 1er avril, à étudier la météorologie du gouffre en hiver, et les allures de la rivière pendant une période de crues; — à atteindre, pour la seconde fois seulement, le point d'arrêt de 1890; — à y découvrir en aval un nouveau bassin d'accès à peu près impraticable (*V.* chap. VI); — à reconnaître, contrairement à notre précédente et hâtive conclusion de 1890, qu'au-dessus de ce point l'escalade de la grande barrière fournirait peut-être le moyen (alors impraticable à cause de l'abondance des suintements) de pousser encore plus loin; — à recueillir, pour la première fois, des spécimens de la faune aveugle (crustacés surtout) de Padirac; — et à dresser, à l'aide d'instruments et de mesurages exacts, en vue du futur aménagement, un plan plus précis, qui fit justice de nos erreurs de 1889 et 1890 et ramena de 3 kilomètres à 1,900 mètres le développement, alors reconnu, des souterrains de Padirac.

Du 14 au 17 août 1896, cinquième exploration par MM. Gaupillat, Dufaure, E. Fontaine, Rupin, L. Armand, A. Viré, l'abbé Albe et moi-même. Ce fut, en réalité, la première excursion *de touristes* effectuée à Padirac (toujours par le rudimentaire moyen de descente des flottantes échelles de cordes), et surtout le voyage d'étude de M. E. Fontaine, ingénieur chargé par une société en formation de faire un rapport sur la possibilité et le mode d'aménagement. Cette fois encore on demeura pour ce travail 25 heures sous terre, sans cependant dépasser le Grand Dôme, au delà duquel l'aménagement n'avait pas à être établi. Mes deux nouveaux *invités*, MM. Viré et Albe, que le désir de voir Padirac tourmentait depuis longtemps, se montrèrent particulièrement enchantés que je les eusse initiés ainsi des premiers aux merveilles de la rivière souterraine, alors ma propriété particulière.

En 1898, j'allai quatre fois à Padirac, d'abord en avril avec MM. Charpentier et Brousse, les constructeurs choisis pour les travaux en fer, Rupin et Viré, pour bien fixer les détails du plan d'aménagement; puis, en juin, septembre et octobre, avec diverses personnes, notamment MM. L. de Launay et Ph. Lalande. Padirac, une fois les travaux commencés, était devenu à peu près accessible à tout le monde, grâce à une benne de descente pour les manœuvres, et plusieurs privilégiés furent, dès le milieu de l'été, admis à le contempler.

Le 5 septembre 1898, je gagnais, pour la troisième fois, le point d'arrêt de 1890, — y revoyant, par un passage très difficile, le bassin d'eau que j'avais reconnu en mars 1896 et qui me confirmait l'espoir de trouver quelque jour une continuation de la rivière, — mais échouant encore cette fois, faute de temps, de personnel et d'échelle, dans l'escalade de la grande barrière.

Entre temps (août 1898), M. Viré, à l'aide de mon matériel, avait trouvé, à 200 mètres en amont, la petite galerie latérale à laquelle j'ai donné son nom.

A la fin de décembre 1898, M. Etienne Giraud visitait à son tour, au bout et à gauche du lac des Grands Gours (près du Grand Dôme), un couloir latéral bien plus important, long, selon lui, de 400 mètres, et qu'il dut en grande partie parcourir dangereusement à la nage (galerie Giraud).

En 1899, la descente et le parcours de Padirac jusqu'au Grand Dôme n'étaient plus qu'une facile promenade, réduisant de 10 ou 12 heures à 2 heures et demie seulement le temps nécessaire pour gagner l'extrémité connue (Grande Barrière). J'y ait fait trois voyages en avril, septembre et décembre, d'abord pour en faire les honneurs à M. G. Leygues, ministre de l'instruction publique, qui avait consenti à présider, le 10 avril 1899, l'inauguration officielle de Padirac, avec le concours de MM. Roujon, directeur des Beaux-Arts; Milne-Edwards, président de la Société de géographie, etc.; P. Meyer;

de l'Institut; de Verninac, vice-président du Sénat; de Saint-Arroman; docteur Cayla; L. Pons; de toutes les notabilités départementales, etc.; — puis, pour examiner enfin ce fameux prolongement dont, depuis plus de trois ans, j'avais présumé l'existence, et dont diverses circonstances m'avaient à plusieurs reprises empêché de constater la réalité.

Car, au lendemain même de l'inauguration, et après mon départ, MM. Giraud, Viré, l'abbé Albe et Pons, guidés par Louis Armand, le chef d'équipe de toutes mes précédentes recherches, entreprenaient enfin, le 14 avril, munis du matériel nécessaire, l'escalade de la Grande Barrière. Au sommet de ce mur, c'est-à-dire à 20 mètres au-dessus du niveau de la rivière, l'abbé Albe, grâce aux révélations d'un courant d'air, sut reconnaître un petit trou, que l'on put franchir en rampant[1]; de l'autre côté, le mur de stalagmite redescendait à la rivière, prolongée, selon mes prévisions, en dessous et au delà de la barrière naturelle. En bateau, sur ce nouveau canal, MM. Giraud et A. Viré poussèrent 150 mètres plus loin, jusqu'à un éboulis de rochers (*V.* p. 67). Des pluies abondantes tombées les jours suivants les empêchèrent de compléter cette expédition (*Compte rendu de l'Académie des sciences*, 8 mai 1899), qui faillit, d'ailleurs, comme celle de 1895, tourner au tragique par suite de l'explosion d'un récipient d'acétylène et par la survenance subite d'une forte crue souterraine bloquant tout passage au 34e gour!

Ensuite, choisissant une saison plus sèche, dans la nuit du 13 au 14 décembre 1899 (et non 12-13 comme le porte par erreur le plan prolongé, je dépassais moi-même l'éboulis du nouveau canal et suivais, sans en trouver la fin, une autre galerie à peu près à sec de 70 mètres environ de longueur. Cette fois encore le défaut de temps et l'insuffisance de matériel me contraignirent à laisser sans réponse l'énigme de la *fin de Padirac*, après 22 heures de séjour sous terre.

Décidé à la résoudre à tout prix, je revenais à la charge le 29 mai 1900, après une période sèche, avec trois bateaux dé

1. Voir ABBÉ ALBE. *Bulletin trimestriel de la Société des originaires du Lot*, 2e trimestre 1900.

toile et une quantité d'agrès calculés pour ne pas nous surcharger inutilement, tout en suffisant pour l'escalade de la Grande Barrière et de la Petite Pendeloque. Faute d'un quatrième bateau tout neuf, venant d'Amérique, et qui ne me parvint que quinze jours plus tard, je ne pus emmener aucun des amateurs qui m'avaient précédemment accompagné : quatre hommes (les bateliers Bel, Gary, Crouzal et Clarety) m'étaient indispensables pour les longues manœuvres à effectuer, et mes trois barques disponibles ne pouvaient, avec les bagages, porter plus de cinq personnes en tout ; d'ailleurs les portages d'un quatrième canot aux trente-trois gours eussent allongé l'expédition de plusieurs heures, toute excursion à l'extrémité de Padirac demandant d'autant plus de temps qu'elle compte plus de participants.

La journée du 29 mai 1900 fut consacrée aux préparatifs, et l'on employa cinq heures à transporter jusqu'au Grand Gour la flottille et les accessoires nécessaires.

L'expédition elle-même dura 27 heures consécutives, du 30 mai 9 heures et demie du matin au 31 mai midi et demi. Le lendemain 1er juin il fallut encore trois heures pour remonter le matériel à la surface du sol, ce qui donne un total de 35 heures de travail pour cette exploration.

Pas plus que celle du mois de décembre précédent, d'ailleurs, elle ne présenta de réelles difficultés, grâce au favorable état des eaux, et à l'expérience maintenant consommée de mes dévoués auxiliaires. Avec quatre paires de bras vigoureux, trois ou quatre cordes de 25 mètres, une échelle extensible en bois de 5 mètres (pour le côté amont) et une échelle de cordes de 15 mètres (pour le côté aval), la Grande Barrière n'est un obstacle sérieux ni pour les bateaux ni pour les hommes accoutumés à ce genre d'exercice. Cette fois enfin, et environ 155 à 180 mètres au delà de notre point d'arrêt du 14 décembre 1899, et 225 à 250 mètres plus loin que MM. Viré et Giraud, nous parvînmes à un point qu'il faut considérer, en l'état actuel, comme l'extrémité praticable de Padirac; après un éboulis considérable long de 100 mètres (galerie Bel, déjà parcourue aux trois quarts seulement cinq mois auparavant), où l'on n'a pu transporter les bateaux et échelles qu'à grand'peine, une dernière galerie, d'abord large et haute de 10 mètres, est occupée par le cours calme et sans obstacles de la rivière, profonde de 6 à 7 mètres. Mais cette galerie (rivière du Fuseau) se rétrécit progressivement et régulièrement, en même temps que les corniches cessent le long de ses murailles ; si bien qu'après 125 ou 150 mètres la navigation est définitivement interrompue par le rapprochement des parois à un demi-mètre l'une de l'autre ; l'eau seule peut continuer sa route par un orifice bas, à peine large de 60 centimètres et haut de 20 à 30 et que des pointes stalagmitiques achèvent de rendre impraticable. Mes quatre aides et moi, nous n'avons pu apercevoir aucun passage sur les parois couvertes d'argile, qui se rejoignent en étroite ogive à 5 ou 6 mètres au-dessus de la rivière. Les seuls moyens d'en connaître désormais davantage seraient, ou de passer à la nage sous le dernier trou, ou de l'agrandir à la dynamite, deux procédés beaucoup trop téméraires eu égard à l'éloignement (2,090 m. de l'entrée, au moins huit heures de trajet) et à la disposition des lieux, pour qu'on puisse sérieusement songer à les employer ; d'autant plus qu'ils ne fourniraient peut-être qu'un avancement de quelques mètres supplémentaires. On ne pourrait, je le répète, la franchir, et non sans imprudence, qu'à la nage ; l'emploi de la mine serait bien difficile à réaliser, et surtout très dangereux, à cause du défaut d'espace pour l'échappement des gaz, et des éboulements additionnels que l'explosion pourrait provoquer dans les voûtes et parois disloquées de la galerie Bel. J'estime que, cette fois, il faut renoncer à suivre plus loin le cours de la rivière, dont le prolongement d'ailleurs doit se réaliser par des couloirs de plus en plus restreints, et surtout de plus en plus encombrés d'argile. Le bout de la rivière du Fuseau est certainement immergé et devient vase communicant à la moindre crue souterraine. Aucun orifice de galerie ne fait espérer de tourner un jour cet obstacle.

En chiffres ronds, il y a donc 400 mètres à ajouter à la longueur de la rivière souterraine depuis les travaux de 1899 et 1900, savoir : 25 à 30 mètres pour l'épaisseur de la Grande

Barrière à sa base, 150 pour la galerie Albe, 100 pour la galerie Bel, et 125 à 150 pour la rivière du Fuseau (total 430 mètres au maximum; ces chiffres sont susceptibles d'une modification de quelques décamètres en plus ou en moins, si jamais on va exécuter là-bas[1] des mesures et un lever plus précis que ceux fournis au plan ci-joint, *V.* à la fin). La longueur totale des diverses galeries actuellement connues est d'environ 2,750 mètres, dont 2,300 pour la principale, que suit la rivière.

III. — AMÉNAGEMENT

Quelques renseignements sur les péripéties de l'aménagement de Padirac ne seront pas déplacés ici.

Dès notre retour de la découverte de 1889, nous avions, Gaupillat et moi, remué ciel et terre pour arriver à rendre Padirac accessible au public.

Toutes sortes de difficultés, notamment les dispositions de l'article 552 du Code civil et les prétentions pécuniaires des propriétaires intéressés, firent traîner, pendant plus de six ans, jusqu'à la fin de 1895, les négociations relatives à ce sujet. C'est alors seulement que, grâce à la dévouée et efficace intervention de MM. l'abbé de Laroussilhe, Rupin, de Materre, Souladié, etc., je pus devenir — pour l'orifice du gouffre et 1,500 mètres de terrain l'environnant — titulaire d'une promesse de vente réalisable entre les mains d'une société à constituer, et — pour l'étendue de la rivière souterraine elle-même et de ses grottes — plein propriétaire, grâce à l'acquisition pure et simple du tréfonds, à moi consentie par les quinze pro-

1. Afin d'éviter qu'aucune imprudence, qu'aucun acte de témérité irréfléchie ne risque de provoquer à l'avenir, dans les parties non aménagées des souterrains de Padirac, des accidents qui pourraient être fort graves, et même compromettants pour la Société d'exploitation de Padirac, j'ai fait, dès le mois de mai 1899, décider par le conseil d'administration de cette société, qu'aucune exploration subséquente ne pourra y être faite désormais hors de ma présence ou sans mon assentiment.

priétaires de la surface du sol superposé à la caverne (acte du 7 déc. 1895) : ce dernier traité, ayant pour base le report de mon plan de Padirac au plan cadastral de la commune, fut singulièrement laborieux, et c'est aux quatre personnes que je viens de nommer qu'est dû le mérite de l'avoir mené à bien.

Puis il fallut trouver et encaisser les cinquante mille francs nécessaires pour les travaux et la constitution du capital social : j'y employai deux années entières, souvent bien découragé dans mes quêtes, qui aboutirent enfin, grâce à l'intelligente initiative de l'Agence des voyages économiques et aux nombreux amis qui voulurent bien me faire confiance, ainsi qu'au concours actif de MM. Beamish, le vicomte Fernex et Lehideux.

Une fois que j'eus rédigé les statuts de la *Société anonyme du puits de Padirac,* et élaboré la rétrocession à cette société de mes actes d'acquisition et promesse de vente, un nouveau contretemps surgit à la veille d'aboutir, à la fin de 1897[1] : une inflexible règle professionnelle m'interdisait d'en devenir fondateur et même administrateur. Sur ma demande, M. Armand Viré, attaché au Muséum d'histoire naturelle, que j'avais initié l'année précédente aux splendeurs de Padirac, accepta de se charger de cette dernière formalité, et, le 28 mars 1898, enfin, la société était définitivement constituée, et M. Viré nommé administrateur délégué. C'est en cette qualité qu'il a dirigé pendant huit mois, d'avril à novembre 1898, avec beaucoup de zèle et d'assiduité, et assisté de Louis Armand comme contremaître, les travaux d'aménagement, qui ont coûté 50,000 francs et qui, sans rien abîmer dans le gouffre ou la caverne, en rendent désormais la visite aussi facile que sûre.

Les escaliers métalliques et toutes les parties en fer ont été fournis et établies par MM. Charpentier et Brousse, constructeurs à Puteaux.

Les travaux comprennent :

1° A 15 mètres en arrière du bord du gouffre (pour en laisser le pourtour intact), un puits artificiel profond de 14 mètres, creusé selon l'ingénieuse idée de M. Rupin, pourvu d'un premier escalier en fer haut exactement de 13 m. 68 (76 marches) et aboutissant à la petite caverne, découverte le 30 mars 1896, qui débouche elle-même sur une corniche naturelle à 15 mètres de profondeur dans l'intérieur du gouffre.

2° Cette corniche a été transformée en une vaste terrasse-promenoir, large de 4 à 7 mètres, longue de 25 mètres, pour-

LA TERRASSE VUE DU BORD DU GOUFFRE.
(Photographie de l'auteur.)

vue d'un restaurant et abritée du soleil et de la pluie par les encorbellements naturels de la roche.

3° Le grand escalier en fer (le deuxième), haut de 37 mètres, qui, par dix paliers successifs (206 marches), mène, sans fatigue, de l'extrémité de la terrasse à 54 mètres sous terre.

4° Le sentier largement tracé sur l'éboulis du fond du gouffre, jusqu'à 75 mètres de profondeur.

5° Des escaliers en bois, hauts de 28 mètres (133 marches), entrant dans la caverne proprement dite par le puits du Gour et aboutissant, à 103 mètres sous terre, à la Fontaine, à l'origine de la grande galerie (total 415 marches).

6° Une chaussée, longue de 280 mètres, surélevée à côté du ruisseau souterrain.

7° Un embarcadère avec grands bateaux à fond plat, pour 340 mètres de navigation souterraine.

8° Un débarcadère au rétrécissement du Pas de Crocodile, et 63 mètres de sentiers ou de passerelles en bois, jusqu'au pied du Grand Dôme.

9° Un escalier de bois de 23 mètres et un large balcon dans l'intérieur du Grand Dôme.

10° Enfin quelques autres dispositions (prises en 1900) pour la visite du lac des Grands Gours.

Je ne puis terminer ces renseignements techniques sans dire que, pour sa première année d'exploitation (1899), la Société de Padirac a distribué un dividende de 10 p. 100 et réalisé 34,000 francs de recettes brutes, soit près de la moitié de son capital social, élevé à 70,000 francs; sans dire surtout qu'une part considérable de ce succès revient à la gracieuse et efficace publicité de la Compagnie du chemin de fer d'Orléans.

L'installation de la lumière électrique a été réalisée pour l'été de 1901 dans des conditions particulièrement favorables, grâce à l'obligeante intervention de la Compagnie d'Orléans et de son ingénieur-électricien M. Roumazeilles, et aux précieux conseils de M. F. de Nerville, ingénieur des télégraphes.

Pourquoi faut-il qu'une tristesse assombrisse l'heureux résultat obtenu, après dix années de lenteurs, avec le concours de toutes les bonnes volontés que je viens de citer?

La plus décisive certes a été celle de M. Beamish, qui, en 1896, fut le premier à répondre à mon appel et à s'intéresser, pour la plus large part, à l'entreprise projetée! Hélas! il n'a même pas connu Padirac, bien que le suffrage des actionnaires l'eût appelé à la présidence du conseil d'administration de la jeune Société! A la fin de 1898, un mal implacable l'enlevait prématurément à l'œuvre qui sans lui, peut-être, ne serait pas encore accomplie : je tiens à dire que les bénéficiaires de cette

Sommet du gouffre et du grand escalier.
(Photographie de l'auteur.)

œuvre devront toujours garder à la mémoire du regretté M. Beamish un souvenir ému et reconnaissant!

Voici, d'après les *Nouvelles Annales de la construction* (5e série, t. VII, juillet 1900), les détails techniques sur la construction du grand escalier, reproduits ici pour la sécurité des

PIED DU GRAND ESCALIER.
(Photographie de l'auteur.)

touristes et avec l'autorisation (ainsi que les deux figures) des constructeurs, MM. Charpentier et Brousse.

Le grand escalier de 37 mètres de hauteur totale est inscrit dans un grand pylône rigide, composé de huit montants cruciformes parfaitement reliés entre eux par des ceintures horizontales et des croix de Saint-André. Comme le petit escalier, il est du type dit *rompu en paliers;* les volées et les paliers, de 80 centimètres de largeur, sont d'ailleurs exactement semblables dans ces deux ouvrages, la seule différence de construction consistant à encastrer et sceller dans les parois de roche les poutrelles des paliers du petit escalier, tandis qu'elles s'assemblent sur les montants du pylône dans le grand escalier.

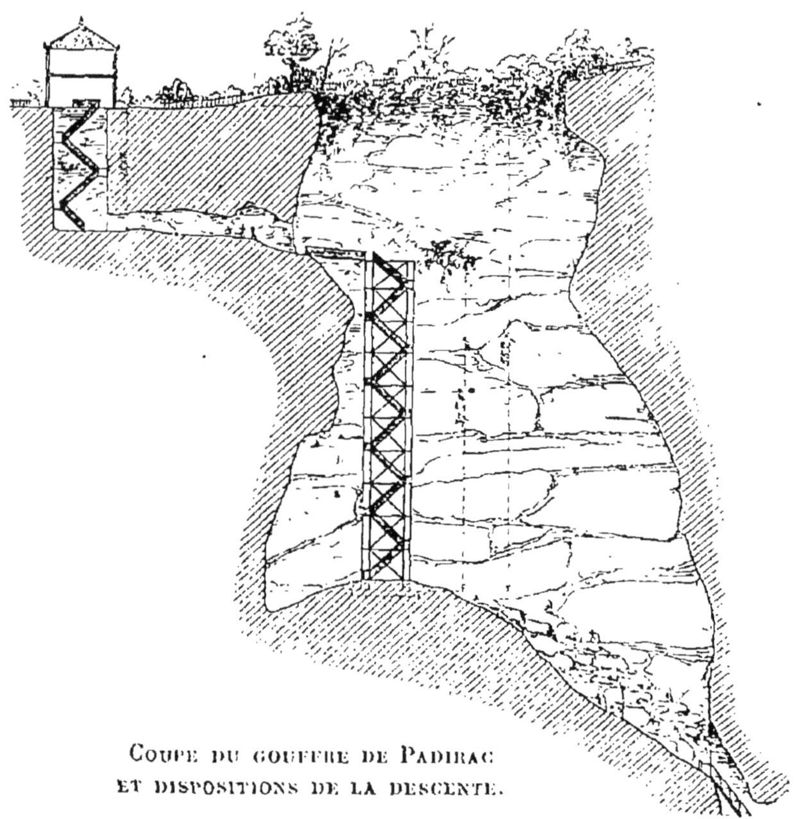

Coupe du gouffre de Padirac et dispositions de la descente.

Dix volées conduisent au fond du puits.

Ces travaux d'aménagement, c'est-à-dire les terrassements, la maçonnerie et la charpente métallique des deux escaliers, dont la figure indique tous les détails de construction, ont été exécutés à l'entreprise générale par MM. Charpentier et Brousse, ingénieurs constructeurs à Puteaux. Le montage du grand escalier s'est effectué, non sans difficultés, en établissant sur le bord du gouffre un appareil de levage qui permettait de descendre et d'amener à la place qu'elles devaient occuper les différentes pièces de la construction. Toutes ces pièces avaient été préparées à l'atelier avec une précision rigoureuse, et le travail sur place s'est ainsi limité au boulonnage indispensable.

Les précautions les plus grandes ont été prises pour que les touristes n'aient pas le vertige ; à cet effet, les contre marches sont en tôle pleine de 2 mm. 5, évitant ainsi la vue du vide, puis de grands garde-corps, de 1 m. 30 de hauteur minimum, sont formés de barreaux en fer plat de 27 × 7 rivés sur un cadre en cornières et laissant entre eux un intervalle qui ne dépasse pas 8 centimètres ; cet emploi du fer plat a l'avantage de donner, avec une grande légèreté et une résistance suffisante, une plus grande sécurité mo-

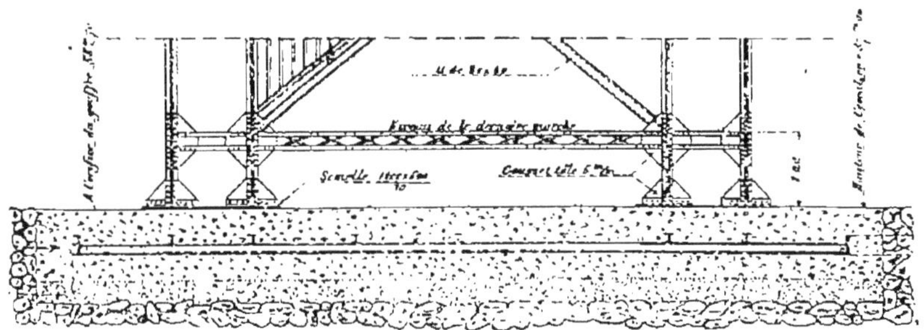

FONDATIONS DU GRAND ESCALIER.

rale au touriste, l'œil ne jugeant que le rapport des pleins aux vides. Enfin, une main courante en fer rond de 25 mm. de diamètre suit les rampants des escaliers à une hauteur de 90 centimètres ; cette main courante est fixée sur les montants en fer à T au moyen de pièces spéciales en acier coulé.

Un autre problème, résolu d'une façon fort rationnelle, résidait dans la nécessité de constituer économiquement et simplement une fondation pour le grand escalier ; les roches qui forment le fond du gouffre proviennent de l'effondrement du sol supérieur qui formait la voûte d'une ancienne grotte ; ces roches éboulées sont encastrées les unes dans les autres et soudées en partie par des dépôts des eaux calcaires qui tombent de la grotte supérieure. Les interstices de ces roches ont d'abord été remplis de sable de rivière, en arrosant abondamment de manière à entraîner le sable dans les plus petits vides, puis une couche de sable de 20 centimètres d'épaisseur a été fortement damée et pilonnée.

Sur ce sol ainsi constitué, une sorte de plateau en béton de ciment de 8 m. 50 de longueur sur 5 mètres de largeur et 68 centimètres environ d'épaisseur, a été coulé et comprimé, en ayant eu soin de disposer au milieu de son épaisseur un gril métallique constitué par une ossature et une paillasse en fentons. C'est sur ce plateau compact et rigide que repose le grand escalier, par l'intermédiaire de 4 semelles en tôle de 1 m. 40 de longueur sur 60 centimètres de largeur.

Le poids total de ce grand escalier est d'environ 30,000 kilogrammes, et les calculs de stabilité ont été établis en admettant une surcharge accidentelle de 1,500 kilogrammes par volée, soit 15,000 kilogr. pour les 10 volées de l'escalier; la compression sur le béton de fondation est donc de $\frac{30000+15000}{4\times140\times60}=1$ kil. 340 par centimètre carré. Sur les roches du fond du gouffre, en tenant compte du poids propre de la fondation, qui est de 85,000 kilogrammes, on trouve pour l'effort maximum de compression le chiffre de $\frac{85000+45000}{850\times500}=0,305$ kil. par centimètre carré. Ces chiffres montrent qu'il y a une sécurité complète; d'ailleurs, après la construction de l'escalier, le béton a été soigneusement examiné en tous ses points et n'a révélé aucune fissure ou craquelure pouvant dénoter une inégale répartition de la charge.

Les calculs de résistance de toutes les pièces métalliques ont été faits en tenant compte, outre le poids propre, d'une surcharge de 1,000 kilogrammes sur chaque volée d'escalier et de 500 kilogrammes sur chaque palier; dans ces conditions exceptionnellement défavorables, et qui ne se produiront très probablement jamais, la fatigue maximum du métal ne dépasse en aucun point le chiffre de 6 kilogrammes par millimètre carré. Il y a donc une sécurité absolue.

Ainsi commodément aménagé pour les visiteurs, le gouffre de Padirac l'emporte sur toutes les cavernes actuellement connues par l'originalité de son accès, une descente à pic de plus de 300 pieds et une navigation souterraine absolument fantastique; c'est une attraction d'un puissant intérêt qui est ainsi accessible à tous les touristes et dont l'honneur de la découverte, faite en 1889, revient à MM. Martel et Gaupillat. Quant aux travaux d'aménagement, ils ont été exécutés sous la direction et le contrôle de M. Armand Viré, administrateur délégué de la Société du puits de Padirac.

LÉON GRIVEAUD,
Ingénieur civil.

IV. — ORIGINE GÉOLOGIQUE ET HYDROLOGIQUE

En recherchant l'origine première de la rivière souterraine à laquelle le gouffre de Padirac donne accès, il y a lieu de ne pas séparer la géologie de l'hydrologie.

Il est, en effet, hors de doute aujourd'hui que, conformément aux idées formulées par Desnoyers dès 1845, idées ratifiées théoriquement par les belles études expérimentales de M. Daubrée et matériellement par mes propres explorations souterraines depuis 1888, les cavernes doivent avant tout leur formation à deux principales causes : la préexistence de fissures et cassures du sol, quelles qu'elles soient, et leur agrandissement par les eaux d'infiltration, qui agissent de trois manières : *corrosion chimique, érosion mécanique* et *pression hydrostatique*. J'ai fourni ailleurs les preuves nombreuses et formelles de cette loi définitivement acquise (*les Abîmes,* Paris, Delagrave, 1894, et *la Spéléologie,* Paris, Carré et Naud, 1900); je me bornerai ici à expliquer comment Padirac la confirme une fois de plus.

A un kilomètre au sud du gouffre, à mi-distance du village, passe la grande faille qui, sur 18 kilomètres de longueur, depuis Saint-Vincent (près Saint-Céré) à l'est, jusqu'au delà de Miers à l'ouest, a relevé les argiles et marnes du lias au même niveau que les calcaires bathoniens. Or les formations liasiques sont naturellement imperméables et laissent couler à leur surface les eaux de ruissellement, qui, au contraire, se trouvent absorbées immédiatement par les calcaires extrêmement fissurés. Comme l'a fort bien fait observer M. Ph. Lalande (*Esquisse géologique des environs de Padirac : Bulletin de la Société scientifique de la Corrèze,* 1er trimestre 1890, p. 179), il est résulté de cet accident géologique un contraste extérieur des plus frappants entre les terrains situés de part et d'autre de la faille; au sud, on donne le nom particulier de *limargue* aux bonnes terres grasses argileuses, suffisamment humides pour entretenir de belles cultures et une assez épaisse végétation; au nord s'étend le causse crevassé, aride, aux *glèbes* toujours sèches et presque dénudées.

Dès 1890, avec M. de Launay, nous avions pensé que cette faille et ses conséquences n'avaient pas été sans influence sur la création de la rivière souterraine, et qu'en plusieurs points de son parcours devaient se trouver des *pertes* ou absorptions d'eaux superficielles, contribuant encore de nos jours à l'alimentation de ladite rivière.

En septembre 1895, en effet, j'ai pu rencontrer trois de ces pertes.

La première est, entre les hameaux de *Teulier* et de *Sayssac,* à 3 kilomètres au sud-est du gouffre, une petite source pérenne (altitude 390 m.) qui ne tarit jamais; mais ses eaux ne déversent dans le thalweg qui lui fait suite qu'après les pluies; en temps ordinaire elles sont immédiatement absorbées par la faille au contact des deux terrains.

La seconde est au hameau de *Bagôu,* entre le gouffre et le village de Padirac : dans une prairie qui était inondée lors des gros débordements de la source de Sayssac, on a creusé, à la suite d'un procès relatif à ces inondations, un vaste puits d'absorption large de cinq à six mètres (altitude 355 m.) et profond de 12 à 15; un mur l'entoure, pourvu d'une grille pour l'admission des eaux, et il est maçonné presque jusqu'au fond, jusqu'à la roche vive et fissurée; par ces fissures toutes les eaux des plus hautes crues sont englouties sans dommage pour les cultures, et même on voit l'eau souvent couler au fond du puits sans qu'il y en ait trace dans la prairie. Ce travail, exécuté vers 1865-1870, est un véritable *katavothre* artificiel comme les puits absorbants de la Grèce; son fonctionnement est excellent, et il remplit parfaitement le but que l'on se proposait, parce qu'on a atteint, en le creusant, le niveau des calcaires crevassés, perméables par suintement.

Le troisième point d'absorption est à un kilomètre plus à l'ouest, entre les hameaux de *Rigal* et *Mathieu,* et, comme le précédent, à un kilomètre environ au sud du gouffre de Padirac. Un petit ruisseau qui ne coule pas toujours, parce que souvent toute son eau est employée par ses riverains, vient se jeter au milieu d'un pré dans un trou impénétrable (altitude 355 m.), véritable crible fermé par la terre et les cailloux, comme les bétoires de l'Avre (Eure) ou les pertes de la Tardoire (Charente) : la faille en ce point a tellement relevé le cal-

PERTE DE RIGAL ET VUE DU LIMARGUE.
(Photographie de l'auteur.)

caire qu'on s'y trouve en présence d'une vraie vallée fermée, comme les *Kesselthäler* du Karst autrichien (*V. les Abîmes*, p. 126); du côté du nord, le ravinement n'a point d'issue, et le chemin même du gouffre de Padirac passe là comme sur la crête d'un remblai (altitude 365 m.) : s'il y avait plus d'eau, ou si le calcaire était moins fissuré, un petit lac, qui a dû exister jadis, comme je l'expliquerai tout à l'heure, subsisterait en amont de ce barrage.

Le 28 mars 1896, je constatai l'existence d'une quatrième perte, toujours sur la grande faille, au hameau de Salvage, à

500 ou 600 mètres au nord-ouest de la troisième Et le 16 août suivant, M. de Materre m'en faisait voir une cinquième à la Maresque, par 340 mètres d'altitude, à moins d'un kilomètre au nord-est de celle de Sayssac.

Il en existe certainement bien d'autres.

Tout cela nous avait échappé lors de nos deux premières explorations, ou plutôt le temps nous avait fait défaut pour les rechercher. Nous n'avions pu que conjecturer (*les Abîmes*, p. 285) l'existence de ces points d'absorption : il faut maintenant tenir pour certain que ces eaux perdues convergent en grande partie vers le bassin souterrain fermé originaire du ruisseau de Padirac, dont il sera question p. 98, et qu'elles donnent naissance au courant de la galerie d'amont, qui reparaît à la salle de la Fontaine, après avoir filtré à travers toute l'épaisseur du talus d'effondrement du grand puits, comme je l'expliquerai tout à l'heure.

Ce qui prouve la multiplicité des points *extérieurs* d'origine de la rivière souterraine, c'est que, en août 1896, j'ai pu constater que, la perte de Rigal n'absorbant pas d'eau depuis quelque temps déjà, le premier bassin souterrain avait quand même un fort débit d'eau ; celle-ci provenait donc des autres absorptions disséminées sur la grande faille, qui est bien, en quelque sorte, le *lieu géométrique* des véritables sources de la rivière souterraine.

En résumé, c'est cet important accident géologique de la faille Saint-Céré-Miers qui est le premier facteur de la formation de Padirac.

Le second facteur, également géologique, est le fendillement du sous-sol du Causse (au nord de la faille) en une quantité plus ou moins grande de ces crevasses naturelles, perpendiculaires en principe aux plans de stratification, que M. Daubrée a très heureusement appelées des *diaclases* : quelle est exactement la force génésique de ces cassures? Sont-elles dues à des phénomènes de compression latérale ou de tassement vertical, à des retraits de dessiccation, à la répercussion des plissements ou effondrements locaux de l'écorce terrestre, au contre-coup des éruptions volcaniques du Cantal voisin? On ne le sait pas au juste, pas plus que l'époque à laquelle elles se sont ouvertes. Tout ce que l'on peut dire, c'est d'abord que dans le sous-sol du Causse elles ont disposé un vaste système de drains, installé une sorte de tuyauterie qui a soutiré dans les profondeurs terrestres les eaux de la surface, obéissant à la simple loi de la pesanteur; — et ensuite que ces brisures dans la masse du calcaire n'ont dû se produire que longtemps après son émersion du fond des mers jurassiques, et après qu'un ruissellement superficiel assez actif s'était établi au dehors.

Ce dernier point demande à être expliqué avec quelque détail.

En effet, j'ai dit plus haut (p. 16) que le gouffre de Padirac s'ouvre sur le flanc d'un thalweg rudimentaire descendant vers le nord : or, sur tous les Causses, non seulement ceux du Quercy, mais encore ceux, beaucoup plus élevés, du Rouergue et de la Lozère, l'œil le moins exercé ne peut manquer de reconnaître que les dépressions, souvent très marquées, du plateau possèdent presque toutes une pente générale vers les vallées environantes, et présentent le véritable aspect de larges vallons aux versants adoucis ou de bassins fermés comme des fonds de lacs, le tout semblant avoir été dépouillé des courants et bassins d'eau qui y circulaient ou stagnaient jadis. De plus, — suivant une remarque que j'ai déjà risquée plusieurs fois dans mes publications antérieures, mais qui, d'abord hypothétique, est devenue pour moi une certitude depuis ma campagne de 1899 parmi les formations calcaires des Alpes françaises, — il se trouve que, trop fréquemment pour être un effet du hasard, des ouvertures de gouffres ou de points d'absorption d'eau existent en grand nombre dans les parties basses de ces anciens thalwegs ou bassins. J'ai si souvent observé pareille chose, que j'ai maintenant cette conviction absolue que, par suite de la fissuration du sous-sol survenue à un moment donné comme je l'ai dit plus haut, il s'est produit à ce moment une *fuite* générale et progressive des eaux dans l'intérieur du sol : c'est-à-dire que les Causses et plateaux calcaires analogues n'ont pas toujours eu la désolante sécheresse dont ils souffrent de nos jours, — que jadis des eaux courantes y circulaient en rivières ou s'y accumulaient en lacs, — que le desséchement a été provoqué, plus ou moins rapidement, à la suite des phénomènes dynamiques qui ont ouvert aux eaux les diaclases promptement transformées en égouts collecteurs, — et que les pertes, abîmes et autres crevasses superficielles plus ou moins béantes des plateaux calcaires sont devenus les points de vidange d'anciens fleuves, lacs et peut-être mers! Je développerai ailleurs les multiples preuves de cette proposition, qui, je le répète, est passée, pour moi, de l'état de théorie à celui de loi naturelle indiscutable : parmi ces preuves j'énumère seulement les lacs actuels du Jura, à doubles émissaires, aérien et souterrain (sous-lacustre plutôt); — les bassins formés d'anciens lacs aux fonds semés de bouches d'abîmes ou aux flancs creusés de pertes (katavothres, ponors, sauglöcher, etc.); — les abîmes ouverts dans l'axe même de thalwegs nettement dessinés (Vercors, Dévoluy, Vaucluse); — la prolongation de ces thalwegs, maintenant toujours secs, jusqu'au voisinage des grandes rivières, quelquefois par des gorges profondes comme celle de la Nesque en Vaucluse, etc. Ici je me borne à préciser mon idée pour lui faire prendre date, et aussi à cause du jour qu'elle jette sur l'origine de Padirac; et j'en vais faire, sans plus ample démonstration, l'application immédiate à trois des grands gouffres du Causse de Gramat, qui en soulignent fort à propos la justesse.

Pour Padirac, il est très clairement visible, sur le terrain même, que le ruisselet actuel de Bagou, venant du Limargue, a coulé par-dessus le seuil rocheux qui, constituant la lèvre nord de la grande faille, le domine maintenant de 10 à 15 mètres; au delà de ce seuil, et sur le Causse, se prolonge, à peine indiqué d'abord, puis de plus en plus accentué, ce thalweg, de nos jours atrophié et sec, qui confine au gouffre et qui reste plus ou moins visible jusqu'au voisinage de la vallée de la Dordogne. Pour moi, il ne saurait être douteux que jadis une rivière ait coulé là. Au contact de la faille, et dès que le calcaire se trouva fissuré, elle commença, dans son propre lit, à subir une perte sous-fluviale, une vraie saignée qui petit à

GOUFFRE DE RÉVEILLON (entrée de la caverne). — Dessin de G. Vuillier, d'après une photographie de G. Gaupillat.
(Communiqué par le Club alpin et extrait des *Abîmes*.)

petit l'enfouit tout entière, et qui est actuellement toute colmatée par les alluvions et impénétrable à l'homme, d'autant plus qu'il faut bien croire, depuis l'époque où se produisit ce fait, à une sensible diminution des pluies et du ruissellement. Semblables saignées fonctionnent et sont connues actuellement en beaucoup d'endroits : celles qui, dans le département de l'Eure, sont en train de creuser à la rivière de l'Iton des cavernes dans la craie ; — celle qui, dans la Loire, donne naissance à la résurgence (et non pas source) du Loiret ; — celles qui, aspirant, près d'Arçon, une partie des eaux du Doubs supérieur, les ramènent peut-être au jour par la caverne de la Loue ; — etc. Ce travail d'enfouissement, en cours pour ces trois localités, est réalisé depuis longtemps à Padirac, où une importante rivière aérienne ancienne est remplacée par un modeste ruisseau souterrain actuel, *capté* par les grandes diaclases que nous visiterons tout à l'heure. En Vaucluse j'ai reconnu exactement les mêmes particularités aux avens (dépressions plutôt) de Castor et du Colomb.

Les deux gouffres de *Roque de Cor* et de *Révcillon,* à 6 kilomètres et demi et 8 kilomètres à l'ouest de Padirac, ont subi la même *capture,* avec ces différences : 1° qu'au fond même du point d'absorption tous deux ont conservé, ouverte en vaste caverne (parcourables l'une et l'autre sur 400 m. sous terre ; *V.* les *Abîmes,* chap. XVI), l'ancienne bouche de la perte, où ne s'engloutit plus qu'un maigre ruisseau après les pluies ; et 2° que le prolongement inconnu de l'aqueduc de soutirage n'a pas pu, comme à Padirac, être fortuitement révélé par le miraculeux effondrement d'un grand gouffre. Pour le reste, le thalweg aérien subsiste et se prolonge au delà de Roque de Cor, comme au delà de Réveillon, bien plus marqué encore qu'à Padirac, avec des allures de vraies vallées, si régulièrement dessinées (quoique à sec) que l'une (Roque de Cor) sert à la voie ferrée pour s'élever depuis la station de Montvalent jusque sur le Causse, et que l'autre (Réveillon) fait descendre une grande route de voitures depuis la station de Rocamadour jusqu'à Mayronne, au bord de la Dordogne.

Telle est l'une des preuves de la substitution de la circulation d'eau souterraine à la circulation superficielle : je répète que cette preuve et bien d'autres se reproduisent uniformément sur tous les plateaux que j'ai étudiés depuis quatorze ans tant en France qu'en Europe.

Ainsi le second facteur de la formation de Padirac est bien le crevassement du Causse, qui a provoqué l'engloutissement des eaux.

Avant de rechercher, sur place et dans la caverne même, comment ces eaux se sont comportées pour utiliser et agrandir celles de ces cassures les plus propices à leur écoulement interne, terminons, pour n'y plus revenir, ce qui concerne les points d'absorption.

Au nord de la faille, c'est-à-dire sur la surface crevassée du Causse, ils sont innombrables; la plupart, fentes presque invisibles séparant les dalles et blocs du calcaire lithographique, et oblitérées, sinon pour l'eau qui s'y infiltre, du moins pour l'œil humain, soit par les touffes herbeuses d'une maigre végétation, soit par l'argile pâteuse de *décalcification*, qui est le résidu de la décomposition atmosphérique de la roche; — quelques-uns en forme de pertes, obstrués de terre et de pierrailles, points d'absorption hors d'usage, morts en vérité, où jamais plus n'accède le moindre ruisselet, si ce n'est après les plus violents et exceptionnels orages; j'en connais deux de cette sorte sous des encorbellements de roche, dans un champ cultivé, à 500 mètres au nord-ouest de l'orifice du gouffre; confirmant ce que j'ai dit plus haut, ils sont placés, vers 345 mètres d'altitude, au creux d'un assez large thalweg (ancien affluent extérieur de celui du gouffre) superposé, par une bizarre coïncidence, au Grand Dôme de la caverne (V. le plan); je pense même que, si l'on pouvait déblayer ces deux anciennes pertes, on y trouverait des conduits (plus ou moins étroits) aboutissant directement aux voûtes de ce Grand Dôme, où elles devaient jadis jeter en cascades des colonnes d'eau hautes de cent mètres, comme cela se passe encore de nos jours dans le fameux Gaping-Ghyll du Yorkshire. (V. mon *Irlande et Cavernes anglaises*, chap. XXIV; Paris, Delagrave, 1897.) Je reviendrai (chap. VI) sur cette communication présumée. D'autres

GOUFFRE DE RÉVEILLON (intérieur de la caverne). — Dessin de Vuillier, d'après une photographie de L. de Launay.
Communiqué par le Club alpin et extrait des *Abimes*.)

absorptions sont celles de petites sources, telles, par exemple, que les deux de Grézils et de Puy-del-Claux (à 1 et 2 kilom. au nord-ouest du gouffre), réabsorbées par le crible du Causse au point même de leur formation, qui est due soit à une couche locale d'argile, soit à l'existence de petits bois; — plusieurs enfin sont de vrais *abîmes* ou puits verticaux localement dénommés des *igues*, qui n'engloutissent plus que les pluies et les orages; aux environs de Padirac on en a visité quatre : celui de *Barrières* (à 5 kilomètres nord-ouest du gouffre : profondeur 65 m.; M. Gaupillat, septembre 1890); deux autres plus rapprochés (MM. Viré et Giraud, avril 1899) et profonds seulement de 17 et 40 mètres; et le quatrième à la Maresque, à 3 kilomètres au sud-est (altitude 495 m., profondeur 12 à 15 m., visité par l'abbé Albe, 17 août 1896), en corrélation probable avec la perte de la même localité (*V.* p. 82). Toutes ces *igues* sont bouchées par les habituels matériaux d'obstruction des fonds d'abîmes. — Sauf l'avant-dernier, qui par sa situation, près de Bord, sur la grande faille même, est ou a été en relation certaine avec la rivière souterraine de Padirac, et forme le sixième point d'absorption actuellement reconnu sur cette faille, il est impossible de dire *à priori* si ces avens et ces sources (et ceux ou celles non encore signalés aux environs) correspondent avec le courant de Padirac ou avec telle autre rivière souterraine inconnue. Le nombre des fontaines (dites sources) qui jaillissent au pied des falaises du Causse de Gramat, sur la rive gauche de la Dordogne (*à Gintrac, Carennac, Floirac, Montvalent,* etc.), dénoncent que plusieurs ruisseaux souterrains de ce genre, dont elles sont les issues respectives, existent sous ce Causse, ruisseaux formés à l'image de Padirac et dont on ignore encore les retraites. Il serait donc téméraire de vouloir rapporter tel point d'absorption à tel canal intérieur connu ou supposé; car les fantaisies de la marche de l'eau parmi les caprices de la fissuration sont pour déjouer toutes les hypothèses; on peut seulement dire qu'en principe (principe mis en lumière surtout par mes explorations) ces absorptions, éparses sur les plateaux et ne fonctionnant guère qu'après les pluies, sont les tributaires ou affluents plus ou moins directs des rivières souterraines; l'étroitesse et les détours des fissures, et sans doute aussi dans une certaine mesure la capillarité, retardent leur descente vers les voûtes des cavernes où circulent ces rivières, et ce retard explique la continuité presque absolue de l'*infiltration* constatée en certains points de ces voûtes. Sur ce point nous reviendrons tout à l'heure avec plus de détails (chap. X). Retenons seulement ici, pour ce qui concerne le cours d'eau de Padirac, que si l'origine de ses premiers flots est dans les absorptions de la faille, il se gonfle, sur toute son étendue, des infiltrations que, çà et là, par les fissures de ses plafonds, lui amène le drainage des absorptions du Causse lui-même.

Sous le sol aussi bien que dessus, les petits ruisseaux font les grandes rivières, et le volume des eaux ne cesse de croître d'amont en aval.

V. — FORMATION DU GOUFFRE

C'est un pur hasard, on peut même dire un accident, qui a rendu accessibles à l'homme les galeries souterraines de Padirac. Sans l'effondrement colossal qui a ouvert le gouffre, elles seraient, sans doute, demeurées toujours inconnues.

Je n'ai pas à répéter ici comment je tiens pour tout à fait exceptionnelle la formation de tels puits naturels, par affaissement de voûtes de cavernes au-dessus d'un cours d'eau intérieur. Dès 1889 (*Comptes rendus de l'Académie des sciences,* 14 octobre), j'ai expliqué (et mon opinion n'a pas varié depuis, *V.* les *Abîmes* et la *Spéléologie, passim*) pourquoi les abîmes sont, pour la plus grande majorité (et toujours aux dépens des cassures préexistantes du sol), formés surtout de haut en bas par l'action chimique et mécanique des eaux absorbées; et pourquoi ceux ouverts *de bas en haut* par effondrement sont, quoique nombreux en réalité, de véritables exceptions, limitées aux points où il n'y a qu'une modérée épaisseur de terrain (ne dépassant guère cent mètres) entre la surface du plateau et la rivière souterraine.

Le gouffre de Padirac est assurément l'une des plus grandioses et remarquables de ces exceptions; et l'on s'explique que, d'après elle, l'abbé Paramelle, l'habile découvreur de sources, habitant de Saint-Céré et voisin de Padirac, ait conçu

ORIFICE DU GOUFFRE DU PUITS DE PADIRAC.
(Photographie de l'auteur.)

son ingénieuse mais inexacte théorie du *jalonnement* du cours des rivières souterraines par les *bétoires* ou gouffres effondrés au-dessus d'elles.

L'aspect seul de l'orifice (à peu près rond; pourtour, 99 m.; diamètre, 31 m. 50; altitude, 350-355 m.) ne laisse aucun doute sur la réalité de l'effondrement : pareilles aux arrachements d'une construction inachevée, les assises, parfaitement horizontales, (calcaire lithographique bathonien), sont circulairement et régulièrement rompues, avec l'indéniable profil des murs écroulés; — au bord même du gouffre, un gros bloc, fragment de strate qui a basculé sans tomber, demeure incliné vers le vide; à cause de son importance comme témoin géologique du mode d'ouverture de l'abîme, je l'ai fait respecter, aux cours des travaux d'aménagement, et même consolider avec du ciment pour assurer son maintien en place; c'est ce bloc d'ailleurs qui porte la grossière empreinte d'un fer de cheval, attribuée par la légende au pied du cheval de saint Martin, sautant, pour sauver une âme disputée par le démon, l'immense trou que celui-ci venait de creuser en s'y engloutissant; — enfin la disposition en encorbellements de l'intérieur du puits, sa plus grande largeur en bas (50 m. sur 65), la figure en coupole qui en résulte, et l'amoncellement, au fond, de la colline de pierres et blocs formée par les ruines de la voûte, achèvent de bien établir la réalité de la rupture. C'est un ancien dôme de caverne qui s'est crevé sous l'action des eaux souterraines.

Celles-ci d'ailleurs n'étaient pas représentées que par la seule rivière souterraine où nous allons bientôt arriver; du haut en bas des parois du gouffre, on observe quantités d'ouvertures plus ou moins larges, diaclases recoupant verticalement la stratification naturelle et débouchés d'autant de *gouttières* qui drainent les infiltrations du plateau. Après les pluies, toutes ces barbacanes d'écoulement fonctionnent encore assez abondamment, créant à l'intérieur du gouffre un joli cercle de cascatelles. La plus vaste débouche à 15 mètres au-dessous de l'orifice, sur une des corniches naturelles (transformée en terrasse-promenoir par les aménagements) de l'intérieur du gouffre; c'est une véritable grotte, accessible sur une vingtaine de mètres de longueur et que j'ai découverte le 30 mars 1896; alors une jolie source en découlait; après les fortes pluies et la fonte des neiges elle débite un gros ruisseau qui, tombant en ravissante cascade dans le gouffre, a peu à peu développé sous la corniche un puissant rideau d'épais tuf calcaire, de fort pittoresque aspect; en été ou en temps de sécheresse, pas une goutte d'eau ne sort de cette grotte; mais jadis, aux âges de plus abondantes précipitations atmosphériques, elle a dû écouler un torrent puissant et permanent, dont l'action corrosive et érosive, s'exerçant dans les parties supérieures du dôme, a notablement contribué à l'affaiblissement progressif de leur solidité; sapé en bas par la rivière principale, au milieu par les affluents latéraux, au sommet par le courant de la petite grotte, la crevasse (ou combinaison de crevasses) primordiale, géologiquement ouverte en cet endroit, est insensiblement passée (avec quelle lenteur et en combien de siècles!) de l'arrondissement en coupole de plus en plus haute, à la subite rupture d'une voûte, dépourvue à la longue de suffisants supports latéraux. Je pourrais citer plusieurs gouffres ainsi ouverts, mais aucun sur de pareilles proportions; et j'en connais d'autres aussi où ce souterrain travail de sape n'a pas été jusqu'à l'écroulement final, par exemple celui si curieux de la caverne du *Boundoulaou*, près Millau (Aveyron), où le grand dôme de la salle des *Ratapanades* (chauves-souris) représente bien, mais sur une plus petite échelle (25 mètres de diamètre et 20 à 30 de hauteur seulement), ce que le gouffre de Padirac commença par être jadis; au *Boundoulaou*, la rivière souterraine qui circule encore maintenant 30 à 40 mètres plus bas dans deux ou trois étages de cavités inférieures, n'a pas eu la force d'excaver suffisamment le dôme, d'en affaiblir assez les fondations pour le conduire jusqu'à la perforation de sa voûte; 50 mètres d'épaisseur de terrain continuent de séparer celle-ci de la surface du Larzac, dont l'altitude est en ce point de 640 mètres, tandis que le niveau d'étiage de la rivière souterraine actuelle n'est que de 510 mètres. J'attire tout spécialement l'attention, comme confirmation de tout ce qui précède, sur l'importance du parallèle entre le gouffre de Padirac et le dôme du *Boundoulaou*, renvoyant, pour la description de ce dernier, aux pages 175-181 de mes *Abîmes*.

En nous reportant pour tout ce qui va suivre aux plans et coupes en couleurs ci-joints, commençons l'examen de Padirac, sans nous attarder à la description pittoresque que j'ai déjà faite plusieurs fois et qui est désormais inutile, depuis que tout le monde peut effectuer la visite; descendons d'abord le premier escalier de fer (14 m.) installé dans le puits artificiel carré qu'on a creusé pour déboucher dans le gouffre par la petite grotte elle-même (*V.* chap. III les détails de l'aménagement); notons que cette grotte est un topique exemple de la formation des cavernes, aux dépens et par agrandissement des diaclases et des joints de stratification perpendiculaires les uns aux autres; remarquons les grosses masses et colonnes de tufs construites par les eaux à son débouché; traversons la corniche-terrasse dans toute sa longueur et descendons enfin le grand escalier en fer (le deuxième), haut de 37 mètres (206 marches), qui aboutit sur la colline d'éboulis du fond du gouffre; le pied de l'escalier est à 300 mètres d'altitude (plus bas de 50 m. que le bord ouest du gouffre, de 52 m. que l'entrée du puits artificiel, et de 55 m. que le bord oriental), et le sommet de la colline à 304. Cette colline, de forme conique, s'abaisse à la ronde vers les parois inférieures du gouffre, très rapprochées du côté nord (10 à 15 m.) et éloignées de 40 à 55 mètres du côté sud; aussi la plus grande partie et la descente du cône se trouvent-elles dans la direction méridionale. Un large chemin en lacets, tracé sur sa déclivité à 30°, se déroule juste sous la projection horizontale de l'orifice du gouffre, dont toute la grandiose ampleur s'embrasse ici d'un coup d'œil. A 290 mètres d'altitude, le cône bute contre le milieu de la paroi sud; là s'est formé une sorte de col, de part et d'autre duquel (au sud-ouest et au nord-est) l'éboulis continue à s'abaisser, en angle dièdre, vers deux orifices qui conduisent, 10 mètres plus bas (altitude 280 m.), à la rivière souterraine. (*V.* sur le plan les courbes de niveau topographique de la colline au talus d'éboulement.)

Celui du sud-ouest est une *grande arcade* carrée, large de 10 mètres, haute de 26 mètres (mesure prise avec une montgolfière), à laquelle la coupe naturelle des strates calcaires donne l'allure d'un portail architectural : on dirait l'entrée d'un gigantesque temple cyclopéen; c'est, en réalité, celle d'une galerie de proportions semblables à celle de l'arcade, et par où l'éboulis et le visiteur continuent à s'abaisser rapidement (de 23 m. sur un parcours de 60 m.), jusqu'au bord du ruisseau souterrain, que nous atteignons enfin.

Cette *galerie de la Grande Arcade* est indubitablement l'ancien lit, aujourd'hui partiellement obstrué, de la rivière, qui, par là, traversait la coupole primitive et y gonflait ses crues désagrégeantes. Depuis que l'effort des eaux a précipité le plafond sur le plancher et comblé le fond du dôme, le cours d'eau s'est frayé une nouvelle issue, au pied de la galerie de la Grande Arcade, dans une fissure de la roche trop étroite pour qu'on puisse l'y suivre. Nous le retrouverons tout à l'heure par l'autre orifice. Cette perte, cet engouffrement souterrain, est à 257 mètres d'altitude, à 93-98 mètres sous terre, et 47 mètres plus bas que le sommet du cône d'éboulis.

VI. — LA RIVIÈRE SOUTERRAINE

Pour le moment nous avons à remonter le cours du ruisseau dans une galerie fort désagréable à parcourir, car elle est remplie d'argile toujours gluante, à cause des fréquentes crues d'eau que l'étroitesse de la perte et l'obstacle de l'éboulement provoquent encore tous les ans dans cette portion de la caverne; aussi ne l'a-t-on point aménagée pour les touristes, d'autant plus qu'elle ne présente aucun attrait pittoresque. Sa largeur moyenne varie de 4 à 8 mètres, et sa hauteur s'abaisse progressivement de 20 mètres à 5 mètres, — puis à 1 mètre sur 30 mètres de longueur, — pour se relever à 5 ou 8 dans une petite salle de 15 à 20 mètres de diamètre environ[1].

1. A cause de l'état perpétuellement boueux de cette galerie et de son peu d'intérêt pour les curieux, je n'ai fait que le 13 décembre 1899 le plan topographique assez exact ; il en résulte que, sur le grand plan en couleurs ci-joint, la galerie du ruisseau, suffisamment bien figurée quant aux sinuosités, demande les rectifications suivantes : sa longueur, évaluée, lors des précédents levés, très sommaires, de 1889 et 1895, à 120 ou 150 mètres, n'est que de 100 mètres (au fil de l'eau), et sa direction doit être reportée notablement vers la droite, franchement au sud, de façon à ce que le bassin terminal se trouve, par rapport au plan de la surface,

Au fond de cette salle, à 100 mètres seulement en amont de la perte, la marche est arrêtée par un petit bassin d'eau, dans lequel la roche (couverte d'argile) s'abaisse et plonge de toutes parts; la salle entière est complètement fermée, et ce bassin constitue une sorte de siphon d'aqueduc, un vase communicant, dont le canal et les réceptacles d'amont ne sont pas encore connus. Il se peut qu'un jour ou l'autre un travail artificiel ou les effets de celui des eaux permettent d'y accéder. Quant à présent, il faut se borner à considérer le bassin comme le point d'origine souterraine, la *source intérieure* de la rivière de Padirac, et à déclarer qu'en amont de ce bassin s'opère la concentration vers lui des diverses pertes alignées sur la grande faille ci-dessus décrite : des points de concentration semblables, de réunion de plusieurs aqueducs en un seul, ont déjà été rencontrés par M. Rupin à l'*Œil de la Dou* (Corrèze) (*les Abîmes*, p. 354), par moi-même au *Brudoux* (Drôme) (*Annuaire de la Société des touristes du Dauphiné*, 1899, etc.); les détails de cette concentration demeurent, pour Padirac, énigmatiques ; je rappelle, pour mémoire seulement, que les quatre pertes les plus rapprochées, celles de Salvage, de Rigal, de l'igue de Bord et du puits artificiel de Bagou se trouvent à un kilomètre dans le sud du gouffre et 90 mètres plus haut en moyenne que le bassin qui gît à 265 mètres environ d'altitude; il en résulte que, depuis ces absorptions du moins, la pente des eaux infiltrées est de 9 pour 100 au maximum en supposant un cours rectiligne, ce qui n'est certainement pas le cas), et qu'on peut l'abaisser à 6 p. 100 tout au moins, en estimant à 1,500 mètres au minimum le parcours réel de l'eau, sinuosités comprises. Or le bras principal de Bramabiau (dans le Gard, V. chap. IX) réalise une pente de 13 p. 100 (90 m. de chute pour 700 de développement réel et 440 à vol d'oiseau), et il est coupé de sept cascades; le ruisseau souterrain de l'igue des *Combettes* (Causse de Gramat [Lot] (*les Abîmes*, p. 322) arrive à près de 14 p. 100, avec 30 mètres

à environ 30 mètres à l'est de la cote 348 de ce plan (sous le chemin qui monte à la cote 356). Pour la coupe en longueur, il faut seulement abaisser l'avant-dernière surélévation, qui n'existe pas.

de chute et dix cascades sur 220 mètres de cours ; au contraire, la Piuka souterraine (Autriche) ne descend que de 30 mètres en 4 kilomètres, depuis sa perte à Adelsberg jusqu'au fond du gouffre de la Piuka-Jama, soit 0 m. 75 pour 100 mètres, — et Padirac de 25 à 30 mètres seulement sur les 2,090 mètres actuellement connus de sa grande galerie, soit 1 m. 30 environ

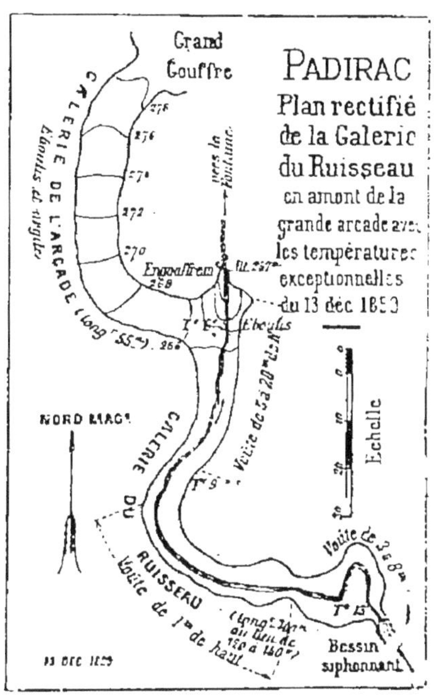

(Communiqué par la Société de spéléologie.)

pour 100 mètres. Entre ces déclivités extrêmes se placent donc les aqueducs encore ignorés, qui conduisent les eaux de la faille vers le fond de notre gouffre, moins accidentés que les deux premiers exemples et plus tourmentés que les deux derniers. D'ailleurs, entre la faille et l'orifice de Padirac, la surface du Causse est creusée d'un certain nombre de dépressions circulaires plus ou moins vastes et profondes (nommées *cloups*, et renfermant des cultures), qui peuvent être non seulement d'anciens points d'absorption, mais aussi bien le retentissement, jusqu'au plateau, des bouleversements et affaissements internes provoqués par le travail des eaux, mais qui n'auraient pas réussi à s'ouvrir au dehors aussi complètement que le grand gouffre. Là encore des tentatives de déblaiement parviendraient peut-être, elles aussi, à atteindre les canaux d'adduction, mais au prix de dépenses sans doute considérables et sans aucune certitude de succès.

Le chapitre du régime hydrologique actuel (chap. X) de Padirac nous ramènera à la galerie du Ruisseau. Maintenant, sortons-en et gagnons, par la Grande Arcade et le col du talus d'éboulis, le deuxième orifice qui conduit, au nord-est, à la partie aval de la rivière et à ses immenses galeries.

En descendant vers cet orifice, nous passons à côté de la muraille de pierres sèches et du foyer dont il a été question ci-dessus (chap. II) et qui sont si curieusement abrités (altitude 285 m.) dans une sorte d'alcôve naturelle du fond du gouffre. Quelques marches taillées dans la pierre nous amènent au sommet du *puits du Gour;* son ouverture (altitude 280 m.) n'avait guère plus d'un mètre de diamètre, lorsque, l'heureux jour du 9 juillet 1889, j'y pénétrai pour la première fois avec Gaupillat, Armand et Foulquier, pour y goûter la surprise qui nous attendait. Dans la descente du gouffre, effectuée vers 1865 ou 1870, M. le comte Murat et M. de Salvagnac père n'aperçurent point cet orifice; il faut évidemment qu'il ait alors été dissimulé par des blocs de pierre accumulés; autrement il n'eût guère pu échapper à la vue des premiers visiteurs. Cette hypothèse d'une désobstruction du trou à une époque récente, probablement sous l'effort d'une crue (*V.* chap. X), est d'autant plus plausible qu'il s'en est manifesté une, exactement analogue, en 1890, au fond du Tindoul de la Vayssière (Aveyron) (*les Abîmes*, p. 238), — et que les matériaux du bouchon étaient fort mal équilibrés et arc-boutés les uns sur les autres : en effet, le 23 septembre 1890, à la suite de la deuxième expédition, tandis que Gaupillat et Armand s'occupaient de ramener au dehors tout notre matériel, il leur suffit de pousser du pied le rocher d'un mètre cube sur lequel avait jusqu'alors porté notre échelle de corde, pour que le bloc branlant allât se fracasser dans la profondeur ; il est donc parfaitement possible qu'une chute d'eau exceptionnelle ait, depuis 1870, défoncé cette trappe si mal assujettie. Plusieurs grosses pierres d'aspect peu solide ont été délogées de cet

ENTRÉE DE LA GRANDE ARCADE.
(Photographie de l'auteur.)

endroit, au cours des travaux d'aménagement, ce qui a fini par donner au trou plusieurs mètres de diamètre. Les cent trente-trois marches d'escalier en bois en rachètent maintenant la profondeur de 28 mètres, et on les a disposées de façon à éviter les suintements (transformés en cascades après les fortes pluies) qui n'y disparaissent presque jamais. C'est ici la véritable entrée de la caverne proprement dite, et le moment de quitter la lumière du jour. La partie moyenne du puits s'épanouit en une petite salle d'une dizaine de mètres de diamètre, nommée *salle du Gour,* à cause du bassin stalagmitique, alternativement sec ou plein d'eau, qui en occupe le centre ; un bout de chaussée relie les deux moitiés des escaliers. L'infiltration y a plaqué, sur les parois, quelques stalactites, et partout sont visibles les traces du passage des eaux, jadis permanent et maintenant très intermittent. Enfin, à 252 mètres d'altitude (103 m. sous le bord oriental du gouffre), on débouche dans la *salle de la Fontaine,* toute tapissée de concrétions, au point où commence la grande *galerie de la Fontaine.*

Sous les dernières marches de l'escalier, le ruisseau, déjà vu tout à l'heure dans la galerie d'amont, rejaillit à peu près constamment (ses arrêts, quoique constatés à diverses reprises, sont rares), mais plus ou moins abondamment, d'une fissure de la roche, presque complètement oblitérée par la stalagmite ; à peine peut-on y allonger le bras. La communication avec le ruisseau d'amont a été démontrée par deux expériences de coloration à la fluorescéine que j'y ai effectuées, les 15-16 avril 1896 et 9-10 avril 1899 ; elles méritent de nous arrêter quelques instants, à cause des indications qu'elles fournissent sur l'allure présumable du ruisseau, entre sa perte et sa réapparition, de part et d'autre du fond du gouffre de Padirac.

Remarquons d'abord que, d'après la rectification de la galerie d'amont, relatée en note page 97, la distance entre les deux points doit être réduite de 100 mètres à 80 mètres environ, représentant le plus grand diamètre de base du cône d'éboulis du fond du gouffre, haut de 47 mètres d'un côté et 52 mètres de l'autre.

Les deux expériences ci-dessus, faites à des moments où le débit de la fontaine était à peu près pareil (7 à 10 litres par seconde), ont donné des résultats presque identiques : il en résulte, sans entrer dans la trop longue discussion des chiffres fournis par les calculs, que la vitesse de translation de l'eau correspondant à ce débit *d'étiage* est d'environ 16 mètres à l'heure sous le talus, contre 18 à 19 dans la galerie de la Fon-

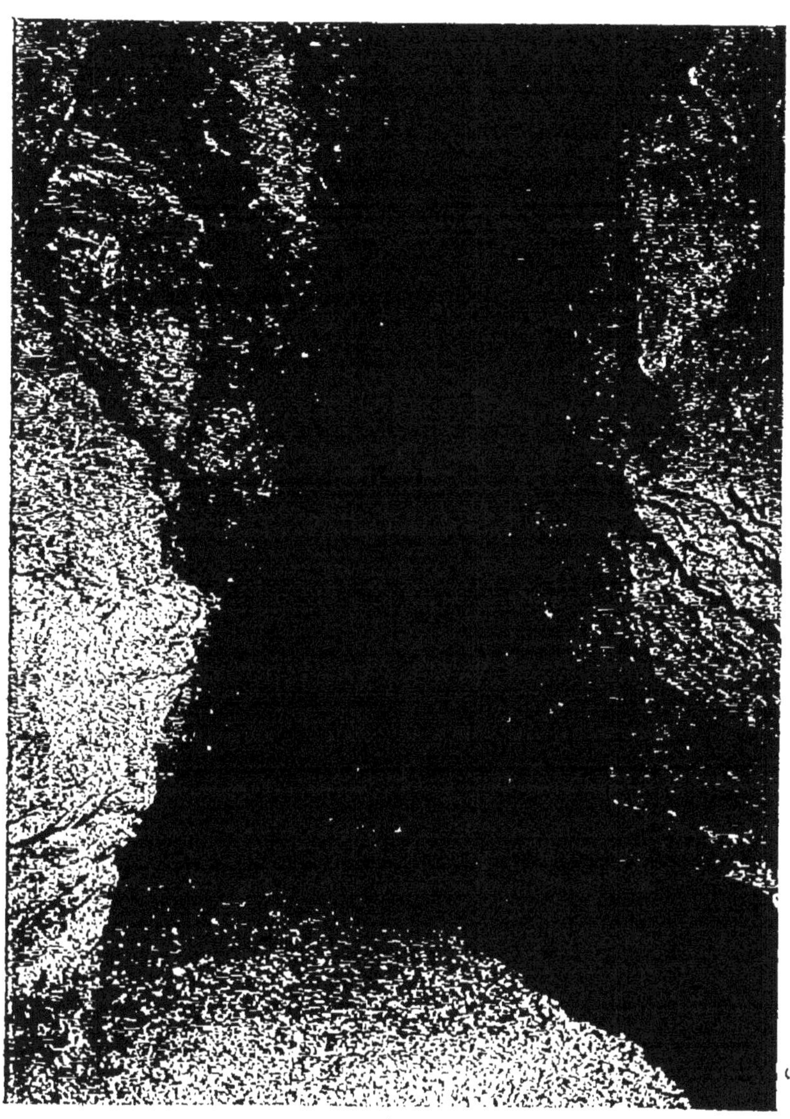

Grande galerie de la Fontaine.
(Photographie de l'auteur.)

taine, depuis celle-ci jusqu'à l'embarcadère : c'est une lenteur extrême, plus grande qu'aucune de celles que j'ai observées jusqu'à présent, même dans des cours d'eau n'ayant pas de plus fortes pentes (60 m. à l'heure à Sauve, 100 m. à Han-sur-Lesse, etc.). (*V. Comptes rendus de l'Acad. des sciences,* 22 nov. 1897 et 24 oct. 1898.) Pour la section de la Fontaine à l'embarcadère, cela s'explique par la faiblesse tant du débit que de la dénivellation (à peine 1 m. sur 280). Mais, pour les 80 mètres d'épaisseur du talus, où la différence de niveau, entre la perte d'amont et la fontaine, atteint au moins 5 mètres (soit une pente supérieure à 6 p. 100), il faut supposer deux autres causes de ralentissement, susceptibles d'agir séparément ou simultanément : la première résiderait dans l'infinie subdivision du courant à travers les interstices du pied du talus d'éboulement, subdivision qui, par la multiplication des filets d'eau, ralentit leur vitesse, en raison directe de la diminution de la section d'écoulement, et de l'augmentation des frottements et des résistances qui en résulte nécessairement dans une proportion extraordinairement considérable; — la seconde pourrait être, entre la perte et la Fontaine, dans un recoin reculé et latéral de l'ancienne caverne, jusqu'où ne se serait pas propagé le talus d'effondrement de la voûte, l'existence d'un bassin de retenue plus ou moins vaste, vrai lac souterrain analogue à ceux que l'on rencontre sur le surplus du parcours de la rivière de Padirac. Seuls, des travaux de déblaiement au fond du gouffre, coûteux, difficiles, incertains, permettront d'être fixés au juste sur ce point. Il paraît d'ailleurs, d'après ce que m'a rapporté le batelier Bel, que lorsque (chose assez rare, *V.* chap. X) les eaux d'amont s'élèvent par la Grande Arcade jusqu'au fond du grand puits, et qu'elles commencent à baisser, leur engouffrement par les interstices à la base de la muraille sud s'opère très rapidement, en quelques minutes; Bel ajoute qu'en jetant des pierres dans certains de ces interstices, il les a parfois entendues tomber assez loin; ce sont deux indices d'un vide notable sous ces parages. Aussi je serais porté à croire à la prédominance de la seconde des deux causes, en considération surtout du deuxième élément d'information fourni par les expériences à la fluorescéine. Si, en effet, la constatation du temps employé par la coloration pour faire son apparition au point d'émergence, nous donne la vitesse du courant depuis le point d'absorption, il y a un autre enseignement à tirer de la durée pendant laquelle la coloration se prolonge à la sortie : c'est celui relatif au volume de l'eau accumulée entre les deux points; or la fluorescéine jetée à la perte d'amont le 9 avril 1899 à 1 heure et demie de l'après-midi a commencé à paraître à la fontaine à 6 heures et demie du soir (soit 80 m. en 5 heures, ou 16 m. à l'heure), et persistait encore le lendemain à 3 heures et demie de l'après-midi sans présenter trace d'affaiblissement : ainsi elle a employé au minimum 26 heures à sortir des cavités intermédiaires inconnues, correspondant, à raison de dix litres par seconde environ pendant 93,600 secondes, à 900 mètres cubes environ; comme je n'ai pu assister à la fin de la coloration, et comme la quantité jetée de fluorescéine (250 gr., capable de teinter 10,000 m. cubes) se trouvait certainement en état de sursaturation, on doit forcément supposer ici l'existence d'un réservoir de 1,000 mètres cubes tout au moins ; s'il était géométriquement régulier sur 80 mètres d'étendue, ce bassin pourrait avoir 10 mètres de largeur sur 1 m. 25 de profondeur au minimum. De telles dimensions sont absolument conformes à celles que vont nous présenter les *lacs* successifs de Padirac. Un jour, sans doute, on vérifiera si cette hypothèse est la vraie, ou s'il faut s'en tenir à celle d'une myriade de veinules entre les blocs de l'éboulis.

A présent engageons-nous dans la grande galerie de la Fontaine, qui débute par 8 à 5 mètres de hauteur, progressivement accrue; elle est longue de 280 mètres et pourvue d'une chaussée de piétons qui a endigué le ruisseau vers la droite; la moindre largeur est de 3 mètres, la plus grande de 8. J'expliquerai (chap. IX) comment la rivière, jadis plus abondante que de nos jours, s'est installée et approfondie dans une irrégulière diaclase qu'elle a peu à peu creusée et agrandie; tous les signes caractéristiques d'une corrosion et d'une érosion intenses se distinguent sur les parois; les corniches horizontales et toutes les saillies en relief sont les parties plus résis-

L'Embarcadère
(Photographie de l'auteur.)

tantes de la roche, que l'eau n'a pas entamées. A 120 mètres de distance, un bassin de 3 ou 4 mètres de diamètre et de profondeur, considérable *marmite de géant* excavée à même la roche, est toujours plein d'eau et barre toute la galerie. Une passerelle le franchit maintenant. En 1889, nous l'avions appelé *bassin du Guano*, à cause des amas de déjections de chauves-souris accumulées dans son voisinage. Depuis que le souterrain est constamment parcouru, les cheiroptères l'ont abandonné pour d'autres retraites plus tranquilles. Ici la hauteur des voûtes atteint 30 mètres, un peu plus loin 25 mètres, puis 35 mètres (mesures prises à la montgolfière).

Après une deuxième passerelle conduisant sur la rive droite du ruisseau, celui-ci s'étale et s'approfondit dans une expansion de la galerie qui atteint 12 mètres de largeur, en même temps qu'elle tourne brusquement au sud-est par un angle droit complet; ici la voûte s'abaisse presque subitement à 8 ou 10 mètres seulement au-dessus de l'eau, et le ruisseau, devenant tout à coup rivière profonde de 1 à 4 mètres, occupe toute la largeur du couloir. C'est l'*embarcadère*, où l'on monte en bateau pour la suite de la visite, et où commence la *Rivière Plane*. Cette partie, longue de 280 mètres, présentant les mêmes caractères que la galerie de la Fontaine, mais plus large (6 à 10 m.) et plus imposante encore, occupe deux diaclases se prolongeant directement l'une l'autre à angle droit. Vers le milieu (coupe V), la hauteur est de 30 mètres; au bout (coupe VI), elle arrive à 50. Sur sa paroi gauche se trouvent quatre dépôts ou bancs d'argile, plus ou moins émergés : ce sont des résidus de la décalcification de la roche ou des apports alluviaux de l'extérieur.

Le quatrième amas d'argile était mêlé de gros cailloux et de blocs rocheux formant un barrage que nous nommâmes, en 1889, le *premier gour*; l'obstacle n'existe plus, on l'a supprimé pendant les travaux d'aménagement, pour pouvoir traverser en bateau les 60 mètres de longueur du lac de la Pluie et du lac des Bouquets, larges d'une quinzaine de mètres, séparés par la *Grande Pendeloque*. Je n'ai plus à décrire ici la splendeur, la profusion et la variété des concrétions qui font de cette région de la rivière la plus belle scène peut-être de tout Padirac. Il faut remarquer seulement qu'elles sont dues à l'abondance particulière des suintements qui, en aucune saison, ne sont ici complètement arrêtés (nous verrons tout à l'heure pourquoi).

On débarque (au bout du lac des Bouquets, et non au Pas du Crocodile, comme mon plan l'a indiqué par erreur) sous une arcade très surbaissée, surmontée d'une autre, percée ainsi dans une muraille doublement trouée ; puis la diaclase se relève et renferme successivement, parmi des revêtements de stalactites non moins belles que les précédentes, le *lac des Bénitiers* ou *du Naufrage* (ainsi nommé depuis la pseudo-catastrophe du 28 septembre 1895, *V.* chap. II), le *Pas du Crocodile* (étroit de 0 m. 90 seulement, et qui doit son appellation à ce qu'il avait tout juste la largeur de notre premier canot de toile, *le Crocodile,* qui eut tant de peine à forcer le passage, le 10 juillet 1889), les *deuxième* et *troisième gours;* la voûte prolongée de l'immense cassure s'enfonce vers celle du *Grand Dôme*. Au Pas du Crocodile, la hauteur que j'avais évaluée en 1896 à 50 mètres, en atteint réellement 61 (d'après une mesure de la montgolfière prise lors des travaux préparatoires pour l'installation de la lumière électrique), mais des corniches ou stalagmites surplombantes ne permettent guère d'en apercevoir plus de 20 (*V.* coupe IX). A partir du débarcadère, le passage a perdu quelque peu de sa primitive beauté, depuis que le cours de l'eau y a été recouvert d'une passerelle en bois, que les gours ont été transformés en vannes ou en chaussées, et que les anciens *Pas du Tiroir* et *des Palettes,* qui présentaient jadis les plus pénibles obstacles de tout le parcours, ont été remplacés par un chemin et un petit pont, etc. Mais il était indispensable de les modifier complètement pour les rendre praticables et pour pouvoir accéder au *Grand Dôme.*

Cette cavité est l'épanouissement de la grande diaclase qui arrive du lac des Bouquets. Je renvoie au plan et aux coupes (X, XI, XIII et générale) pour expliquer ses dispositions très complexes. Le Grand Dôme n'est en somme qu'une énorme

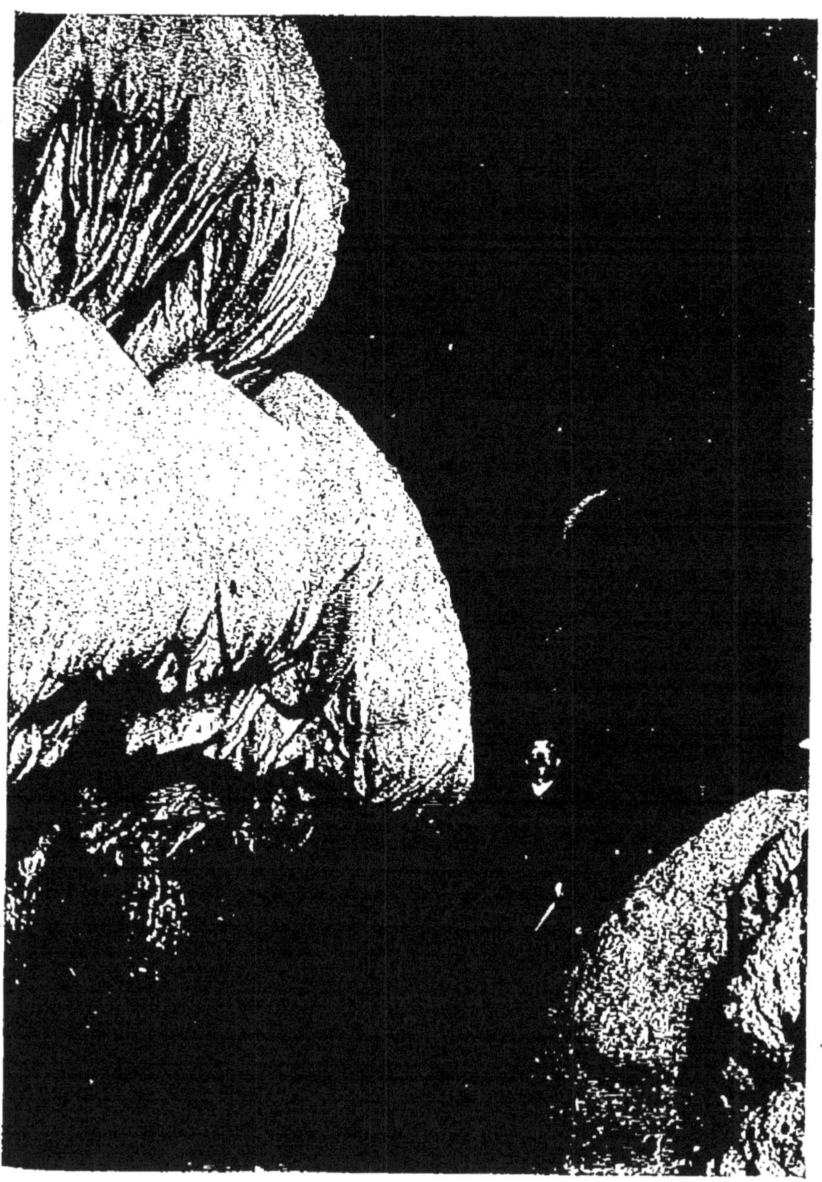

Stalactites des voutes du Pas du Crocodile.
(Photographie de l'auteur.)

crevasse, dont la plus petite largeur se réduit à 11 mètres. Au sud, elle se prolonge en deux ouvertures vers l'ancien Pas du Tiroir et vers le sommet des voûtes du Pas du Crocodile et des Bénitiers (grosses masses de concrétions), par des pentes abruptes ou des corniches étroites reconnues dès mars 1896,

LAC SUPÉRIEUR DU GRAND DOME.
(Photographie de l'auteur.)

d'accès assez difficile, où une lampe électrique illumine toute la riche décoration des parois. Vers l'ouest, entre des piliers rocheux que les eaux n'ont pu emporter et qui soutiennent la base du dôme, il y a quatre communications avec le *quatrième gour*, le *lac des Grands Gours* et l'espèce de petit golfe qui nous servit souvent de *salle à manger* durant nos recherches. C'est la première que l'on a choisie pour installer l'escalier de bois qui, sur 23 mètres de hauteur, remonte la pente d'une cascade de stalagmites dont nous allons rechercher l'origine.

Le pied de cet escalier est à 703 mètres de distance de la fontaine et par 247 mètres d'altitude. Il conduit au *lac suspendu* dans l'intérieur même du Grand Dôme. Ce lac, une des merveilles de Padirac, est un bassin de 11 mètres de largeur sur 15 de longueur et 2 à 3 de profondeur (*V.* coupes X et XI), où l'eau, de niveau variable, est retenue comme dans une vasque de cristal par la plus curieuse margelle de stalagmite qu'il soit possible de voir. C'est un *gour,* ou barrage de carbonate de chaux, comme ceux du lac des Grands Gours, dont je rappellerai tout à l'heure la formation. On ne peut, sans la voir, soupçonner la beauté de cette digue serpentiforme, construite en millions de menus cristaux scintillants et reflétés dans l'eau du lac. Malheureusement le large balcon auquel aboutit l'escalier a été jeté juste au-dessus et la masque en grande partie. Au bout se dresse une stalagmite de forme peu usuelle, haute de 3 à 4 mètres, et constituée par l'irrégulière superposition de larges disques de carbonate de chaux, plats comme des galettes; on dirait une colossale pièce montée de pâtisserie.

Il faut, sur le balcon, tourner le dos au lac suspendu pour admirer et comprendre le Grand Dôme : à gauche, dans l'éloignement fuyant des plafonds tout constellés des Bénitiers et du Crocodile, on a la perspective de la grande diaclase qui, progressivement, s'élève à 65 ou 68 mètres au-dessus du balcon, c'est-à-dire à 88 ou 91 mètres au-dessus du niveau de la rivière. Le Grand Dôme de Padirac, la grotte du Jubilé dans les cavernes de la Recca, près Trieste, et le dôme de l'Empereur dans la grotta Giganta, également près de Trieste, sont les trois plus hautes voûtes naturelles connues et mesurées (à peu près égales). A diverses reprises, des fils de magnésium attachés à des montgolfières m'ont permis de me rendre compte que le Grand Dôme, beaucoup moins vaste en réalité qu'il n'apparaît au premier coup d'œil, est plutôt une cheminée qu'une coupole; son plus grand diamètre inférieur ne dépasse point 40 ou 50 mètres, sur 11 mètres au point le plus rétréci; au sommet, il ne doit plus avoir que quelques mètres de largeur.

En réalité, je le considère comme un abîme inachevé, comme

un puits naturel qui ne s'est pas ouvert tout à fait jusqu'à la surface du sol, et qui est un véritable affluent de la haute diaclase du Pas du Crocodile. J'ai dit plus haut (page 88) qu'il avait dû recevoir jadis les eaux absorbées par deux *pertes* aujourd'hui obstruées et situées à 500 mètres au nord-ouest

STALAGMITE DU GRAND DOME.
(Photographie de l'auteur.)

de l'orifice du gouffre du Padirac : ce sont ces pertes qui ne se sont point suffisamment ouvertes en gueules d'abîmes à la surface du plateau, ou qui tout au moins sont maintenant bouchées; ma conviction sur ce point est absolue et guidée par les considérations suivantes :

1° Il résulte de mon levé topographique souterrain, rapporté avec le plus de soin possible au plan cadastral de la surface, que le Grand Dôme est juste en dessous des champs où s'ouvrent les deux anciennes pertes.

2° L'épaisseur de sa voûte au point culminant doit être, d'après mes relevés barométriques tant extérieurs qu'intérieurs, de 10 mètres à 15 mètres tout au plus. Telle est la minceur du terrain dont la perforation n'a point été consommée.

3° La déclivité stalagmitique qui, du lac suspendu, descend en éventail vers l'ouest, recouvre un véritable cône détritique, analogue à celui du grand gouffre, mais bien plus fragmenté et composé des morceaux de roche que l'eau d'infiltration a arrachés aux parois du dôme, ou de cailloux et terres entraînés autrefois par les absorptions de pertes. Je répète, presque assuré de ne pas me tromper, que par ces pertes tombaient jadis (comme aujourd'hui à Gaping-Ghyll) des torrents d'eau qui peu à peu élargirent la diaclase du Grand Dôme par en haut (tandis que la rivière souterraine l'excavait par en bas) et accumulèrent un cône de déjections en leur point de chute. Tout cela est absolument conforme au réel aspect des lieux.

4° Quand la diminution des précipitations atmosphériques eut remplacé les cascades des absorptions par le simple suintement des infiltrations, la surface du cône de déjection s'incrusta peu à peu de dépôts de carbonate de chaux qui finirent par s'agglutiner en une carapace continue. C'est ce *couvercle* que gravit l'escalier en bois du Grand Dôme. Au sommet du cône, une voûte en cul-de-four, excavée évidemment par les remous réflexes des anciennes cascades, recueillit, sur la contrepente du cône, le petit lac suspendu, dont la margelle enfin s'édifia lentement le long des saillies de l'arête supérieure dudit cône. De l'abondance et des variations des suintements actuels dépendent les oscillations de niveau du petit lac suspendu : je n'ai jamais trouvé son eau deux fois de suite à la même hauteur; tantôt (après les sécheresses) elle était descendue à un mètre plus bas que la margelle (septembre 1895 et septembre 1899), tantôt (après les pluies) elle déversait par-dessus ce rebord (mars 1896, avril 1899), pour ruisseler en bas jusqu'au lac des Gours; tantôt elle était de 25, 50, etc., centimètres au-dessous de la crête stalagmitique, quand les effets de l'évaporation (beaucoup plus active qu'on ne le croit dans les cavernes) l'emportent sur ceux de l'infiltration.

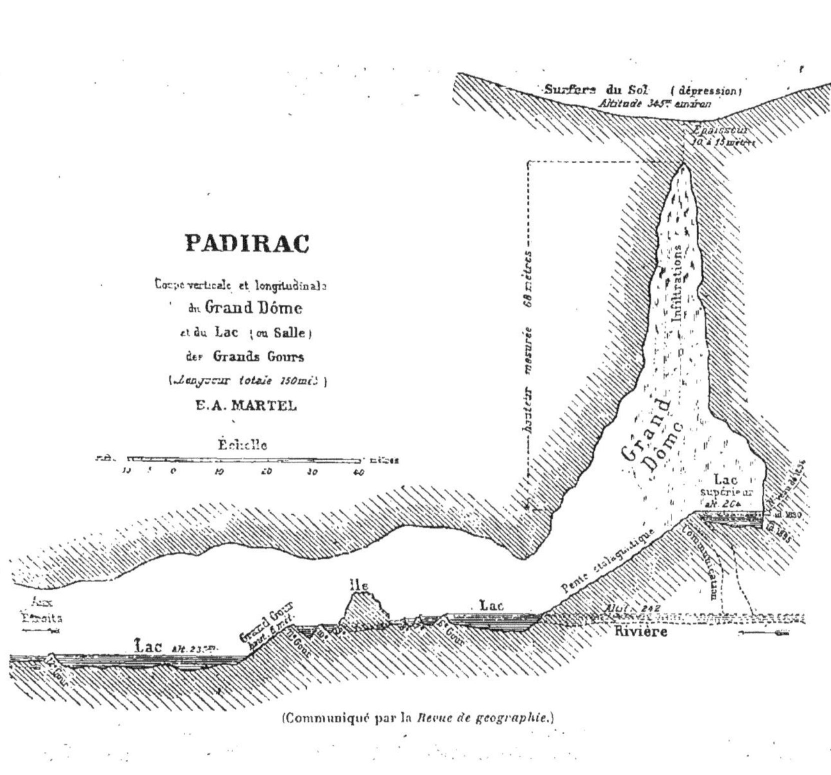

(Communiqué par la *Revue de geographie.*)

5° Aujourd'hui encore le suintement ne s'arrête jamais com-

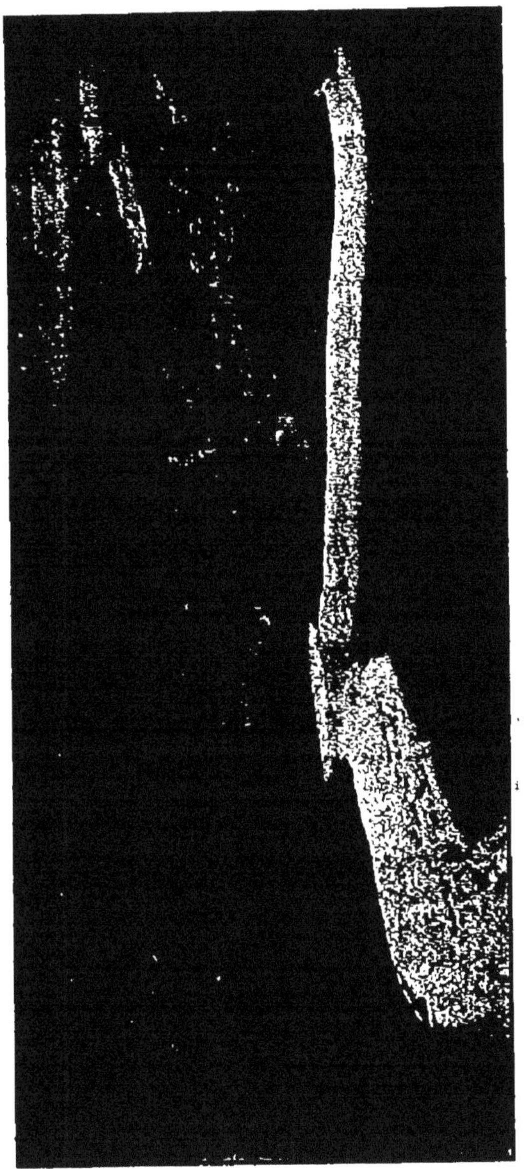

LE LONG GOUR
(Photographies de l'auteur, Communiqué par *la Géographie*, Masson, éditeur.)

plètement, même après les grandes sécheresses, dans toute la région de la caverne qui s'étend du lac de la Pluie au Grand Dôme, parce que les diaclases de cette région sont situées transversalement en dessous d'une profonde dépression de la surface (le thalweg dont j'ai parlé page 88), parce que la déclivité et la forme en cuvette de cette dépression y attirent les eaux de pluies tombées sur les croupes environnantes, et surtout parce que, le fond de cette dépression étant cultivé, la terre végétale y retient longtemps l'eau des pluies, ne la débite que lentement aux fissures sous-jacentes du calcaire et assure la continuité, la pérennité du suintement dans les voûtes correspondantes de la caverne.

Cette présence de la terre végétale explique aussi, comme je l'ai déjà montré pour les stalagmites de l'aven Armand (Lozère) (*V. Mémoires de la Société de spéléologie*, n° 20, juin 1899), l'extrême abondance des concrétions, du lac de la Pluie au Grand Dôme : dans l'humus, l'eau de pluie se sature d'acide carbonique, qui lui fait dissoudre, à sa traversée du calcaire, une très forte proportion de carbonate de chaux, que l'évaporation et le suintement souterrains remettent en liberté sous forme de cristaux de calcite à l'intérieur des galeries.

On voit par quel rationnel et clair enchaînement de faits naturels très simples l'observation vient à bout d'expliquer tous les phénomènes de Padirac.

J'ajoute que si le Grand Dôme, quoique travaillé aussi par les eaux d'en haut et celles d'en bas, ne n'est pas écroulé comme le grand gouffre, c'est, d'une part, parce que la force destructive de ces eaux a décru avant d'avoir accompli ce labeur une seconde fois, et, d'autre part, parce que la diaclase, moins large, a offert des résistances latérales plus considérables. Actuellement, vu la forme pointue du Grand Dôme, son écroulement n'est plus à craindre.

Ici se pose une question.

Importe-t-il de déblayer les deux pertes qui l'ont produit? Je ne sais trop! A supposer qu'une telle tentative soit couronnée de succès et parvienne à ouvrir au sommet du Grand Dôme une ou deux lucarnes plus ou moins larges, déversant quelques rayons de jour, l'aspect pittoresque en tirera-t-il gain ou perte? Dans les abîmes à étroit orifice où tombe ainsi un peu de lumière, l'effet produit ne manque pas d'étrangeté : il en serait de même au Grand Dôme, où de jolis reflets pourraient se jouer sur le lac suspendu. Mais alors ce ne serait plus la gigantesque et mystérieuse voûte, si écrasante dans sa sombre grandeur. Je ne trancherai point la question! En pratique, elle risque de n'être jamais agitée!

Conformément à une loi générale vérifiée dans toutes les cavernes que j'ai étudiées, — et d'après laquelle les croisements de fissures déterminent, en amont des obstacles, de grands évidements souvent occupés par des lacs, — le joint de stratifi-

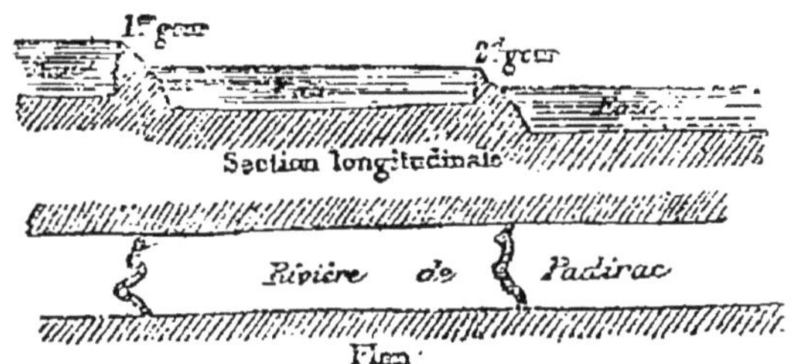

SECTION LONGITUDINALE ET PLAN DE DEUX GOURS SUR LA RIVIÈRE DE PADIRAC.

cation très bas (5 à 8 m. de hauteur seulement), par lequel les eaux de Padirac ont pu s'échapper de l'immense diaclase Crocodile-Grand Dôme (*V.* coupe, p. 117) a été dilaté latéralement sur une largeur qui atteint jusqu'à 38 ou 40 mètres. Là se trouve la moitié supérieure du *lac des Grands Gours,* longue de 65 mètres et large de 10 à 27 mètres. C'est le plus grand des *lacs* souterrains de Padirac, mais sa surface n'est pas continue (altitude 247 m. conformément à la coupe générale, et non 245 ni 242 comme le porte le plan et la fig. p. 117) : elle est partagée en plusieurs cuvettes (dont la principale a 27 mètres de diamètre) par deux îlots de rochers et un certain nombre de gours. Les deux îlots (*V.* coupe XII) sont les bases d'anciens piliers de la voûte, incomplètement détruits, *témoins* géologiques des destructions souterraines de roches opérées par les eaux ; — les *gours,* pareils aux barrages déjà rencontrés en amont du Pas du Crocodile et à la margelle du lac suspendu, sont des bourrelets stalagmitiques sinueux à double pente, dus à trois causes : aspérités inégales et transversales du sous-sol, — changements fréquents des niveaux de l'eau, — et précipitation, par évaporation, du carbonate de chaux suspendu dans cette eau et qui cristallise lentement, entre deux crues successives, dans le liquide au repos. Je ne saurais m'attarder ici à reproduire sur ces curieuses formations les explications que j'ai tout récemment données ailleurs (*la Spéléologie,* p. 105, *Mémoires de la Société de spéléologie,* n° 19).

L'étendue développée de la crête du plus long gour, sur laquelle on peut marcher assez aisément, atteint plus de 40 mètres. (*V.* le plan.) Entre les extrémités des deux îles, quatre autres de ces barrages sont si enchevêtrés et abrupts qu'ils forment une chute de deux mètres de hauteur; une dernière petite cuvette la sépare seule du *grand gour* (le onzième), le plus considérable de tous, puisqu'il n'a pas moins de 6 mètres d'élévation. Après les fortes pluies, c'est une vraie cascade qui tombe bruyamment sur ce plan fort incliné, large de 10 à 15 mètres. Au pied s'étale la moitié inférieure du lac des Grands Gours, ininterrompue celle-ci, sur 55 mètres de longueur, 15 de largeur et 5 de profondeur maxima (altitude 239 mètres). La dénivellation depuis le pied du Grand Dôme est de 8 mètres; c'est aux dépens du fond, plutôt que de la voûte, que le creusement, cela va sans dire, s'est opéré. Les deux cascades ont sans doute pour sous-sol quelque éboulis survenu entre les deux moitiés du lac, et amalgamé (comme celui du Grand Dôme) par les dépôts de carbonate de chaux. La voûte n'étant pas déprimée parallèlement au fond, il en résulte que la hauteur du plafond passe brusquement à 12 ou 15 mètres dans la partie inférieure du lac. Les îlots de rochers témoignent, je le répète, d'un point de résistance maximum. Sur les parois, dépourvues de concrétions, à cause de l'absence de suintement, qui cesse ici faute de fissuration des voûtes, on peut étudier à souhait les manifestations de l'usure chimique et mécanique de la roche encaissante.

A son extrémité ouest, le lac des Grands Gours se rétrécit,

en même temps que la voûte se relève à 20 mètres au moins, au-dessus d'un douzième gour qui marque l'entrée d'une nouvelle diaclase verticale, large de moins de 4 mètres, où va se continuer la rivière.

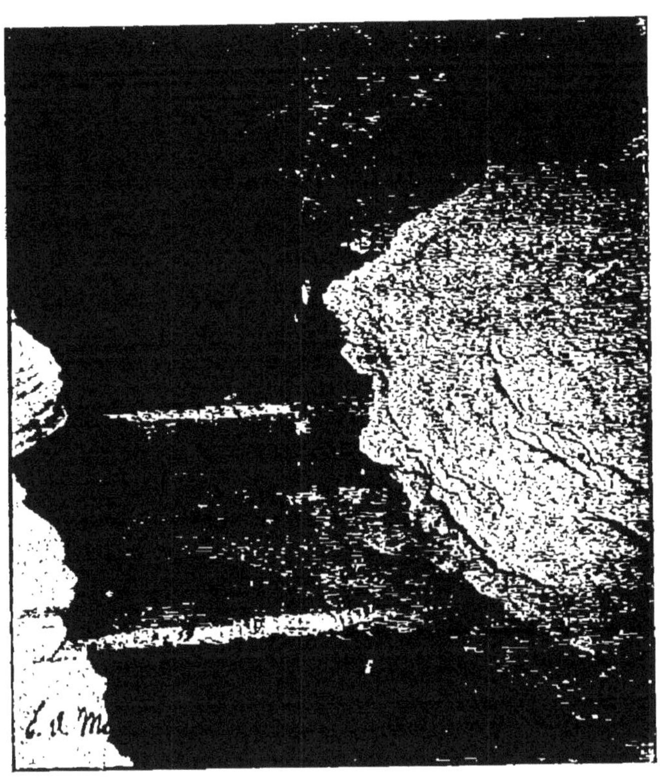

CASCADE DES GRANDS GOURS.
(Photographie de l'auteur. Communiqué par *la Géographie*, Masson éditeur.)

Avant de l'y suivre, il faut noter l'existence — un peu en amont de cette galerie principale, sur la rive gauche, au bout et à 5 ou 6 mètres au-dessus du lac — d'une autre galerie secondaire (large de 0 m. 40 à 4 m.) découverte au mois de décembre 1898 seulement par M. E. Giraud, qui a dû, très périlleusement, en explorer la majeure partie à la nage, à cause de son étroitesse, et qui estime l'avoir parcourue sur près de 400 mètres de longueur, jusqu'à un rétrécissement infranchissable. Lors d'un nouvel examen fait en avril 1899, MM. Viré et Giraud ont cru voir dans cette fissure (dont ils évaluent la hauteur à 15 mètres) « un affluent de la rivière qui amène vraisemblablement les eaux d'une source perdue près du hameau de Fialy » (*Comptes rendus de l'Académie des sciences*, 8 mai 1899).

Cette identification me paraît tout au moins prématurée, sinon tout à fait inexacte, et ce pour les raisons suivantes, qui m'ont frappé sur place dans mes deux visites, du 14 décembre 1899 et du 18 septembre 1900, de la partie accessible à pied sec, dont j'ai levé les plans et coupes ci-contre.

Qu'il s'agisse de la fontaine de Grézils (signalée plus haut, p. 91) ou d'une autre que je ne connais pas, à Fialy, il y a respectivement 800 et 1,200 mètres de distance entre ces deux points et le débouché de la *galerie Giraud* : or, j'ai déjà fait remarquer qu'il était impossible *à priori* de se prononcer pour la correspondance entre telle perte ou telle igue donnée et telle rivière souterraine connue ou inconnue (Padirac ou autre). — De plus, Grézils et Fialy sont à l'ouest-nord-ouest du lac des Grands Gours, et comme c'est justement vers le nord-nord-ouest, vers la Dordogne, que le pendage géologique des assises calcaires fait descendre notre courant intérieur, il serait bien surprenant que son affluent prît une direction exactement inverse : assurément on peut citer des exemples de ces écoulements souterrains à contresens des strates, mais sur des parcours restreints, pour descendre d'un gradin à l'autre, et non pas sur un kilomètre à vol d'oiseau. — En outre, il résulte de mon plan topographique des 113 premiers mètres (exactement mesurés à la chaîne) de la galerie Giraud[1] (que j'ai relevé le 14 décembre 1899 et le 18 septembre 1900) qu'après un premier coude assez brusque cette galerie se prolonge vers l'ouest. — Enfin la hauteur, bien plus

1. Cette mesure laisserait donc près de 300 mètres à la partie parcourue à la nage par M. Giraud, qui n'indique pas, dans la note citée, sur quelle base il a fait cette évaluation. J'ignore à quelle longueur il estimait la partie sèche, qui s'est trouvée égale à 113 mètres seulement.

grande que ne l'ont estimée les premiers observateurs, atteint par places au moins 30 mètres, et le profil transversal est exactement semblable à celui de la grande galerie principale. — Le niveau du canal où M. Giraud s'est engagé à la nage m'a paru plutôt inférieur que supérieur à celui du lac des Grands Gours; or un véritable affluent devrait être placé plus

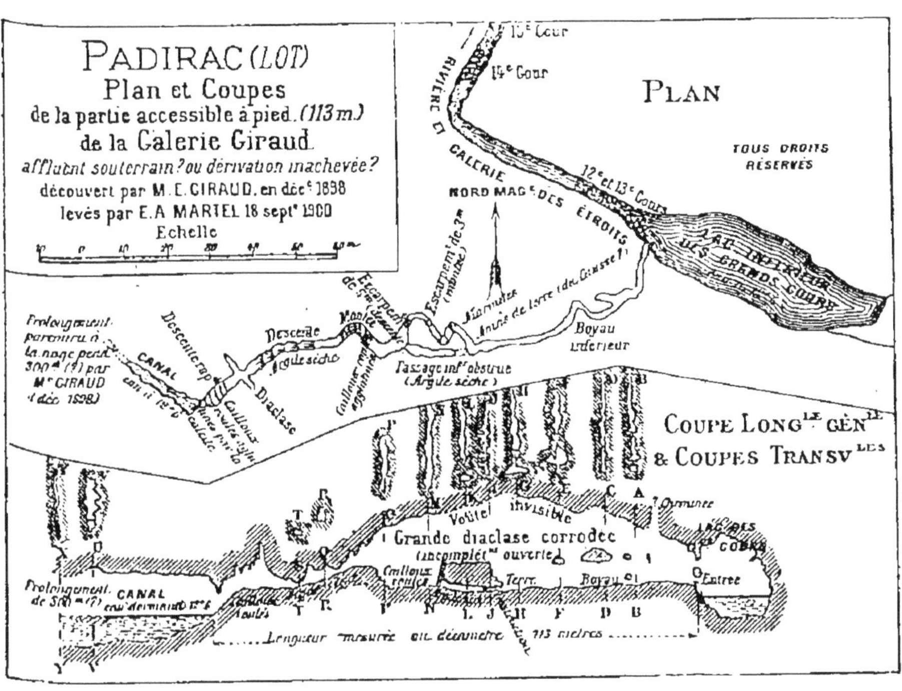

(Communiqué par la Société de spéléologie.)

haut. — De grands cercles concentriques dus à la corrosion de l'eau, et que l'on remarque à l'entrée de la galerie sur le lac des Grands Gours, donnent à cette entrée l'aspect beaucoup plus d'un point d'engouffrement d'eaux sous pression que d'un déversoir d'affluent. — Et surtout les cailloux roulés, accumulés en deux points de la galerie, sont exactement semblables à ceux recueillis sur la rive droite du lac supérieur du Grand Gour (à la sortie de la Salle à manger) : or, comme ce sont des grès quartzeux, qui ne peuvent provenir que du lias inférieur ou du trias supérieur existant au sud-est du gouffre, et qu'ils n'ont pu parvenir dans la rivière souterraine que par les points d'absorption de la grande faille de Padirac, on est absolument forcé d'en conclure qu'ils ont été amenés dans la galerie Giraud parce que les eaux y entraient au lieu d'en sortir; car toute la région de l'ouest, au contraire, jusqu'à la Dordogne, ne montre à la surface du Causse que les calcaires lithographiques à petits lits marneux du bathonien. — Enfin, si cette galerie était un affluent, il n'y aurait pas de raison pour qu'il ne fonctionnât pas encore comme tel de temps à autre, comme le font chaque printemps toutes les innombrables fissures (joints et diaclases) des parois du grand gouffre d'entrée; or il semble au contraire que la galerie Giraud soit depuis longtemps hors de service : c'est une argile très sèche, et même de la terre du Causse (descendue par quelque fissure du sommet de la diaclase), qui obstrue le passage inférieur indiqué sur mon plan et qui remplit le couloir descendant au canal. Dans aucune partie de Padirac on n'observe une pareille siccité du sol; bien plus, les cailloux roulés dont je viens de parler sont agglutinés entre eux par une croûte de concrétion calcaire, en contradiction avec tout passage contemporain de l'eau dans cette galerie. — D'après toutes ces remarques, je croirais donc volontiers que la galerie Giraud représente un embranchement hors de service ou inachevé de la galerie principale : celle-ci, au bout du lac des Grands Gours, et tandis que l'eau restait plus ou moins en pression dans les parties d'amont, se sera trouvée en présence de deux diaclases divergentes, en quelque sorte conjuguées; elle les aura attaquées toutes deux à la fois, les corrodant et taraudant simultanément jusqu'à ce que, sa voie ayant été définitivement frayée par celle de droite, elle ait abandonné le travail dans la seconde (galerie Giraud). Cette dernière, dans une telle hypothèse, ne serait donc qu'un aqueduc d'*avancement* inachevé, vraisemblablement terminé en cul-de-sac, ou tout au plus une dérivation latérale, actuellement hors de service par suite de l'approfondissement de la rivière, et dont l'ancien débouché (s'il a jamais existé) dans la suite de la galerie prin-

Entrée de la galerie des Étroits.
(Photographie de l'auteur.)

cipale ne nous est pas encore connu, dissimulé qu'il peut être sous le niveau actuel de l'eau ou dans l'obscur recoin d'une haute paroi. L'eau qui remplit la majeure partie de la galerie Giraud, et qui paraît avoir à peu près le même niveau hydrostatique que la rivière souterraine elle-même, peut aussi bien devoir son alimentation à une infiltration de cette dernière (par des joints faisant vase communicant) qu'aux suintements de sa haute voûte, parfaitement disposée pour drainer des infiltrations superficielles.

De toutes façons, un doute subsiste sur le rôle réel de cette galerie latérale; probablement serait-il levé par la confection d'un plan topographique exact, et surtout par des travaux d'élargissement permettant de continuer l'investigation; mais cette double tâche ne paraît pas près de sa réalisation, à cause des difficultés qu'elle présente.

Bien que le point d'arrêt des visiteurs de Padirac ait dû être établi au sommet du Grand Gour, reprenons notre marche en aval pour achever notre description de la rivière.

A cause des rétrécissements qui en embarrassent la dernière partie, j'ai nommé *galerie des Etroits* le canal sinueux, long de 160 mètres, qui fait suite au lac des Grands Gours. Sa largeur varie de 6 mètres à 0 m. 70, sa hauteur de 15 à 20, et les sept gours n°s 12 à 18 y font descendre le plan d'eau de 5 mètres. (*V.* le plan.) Au débouché de la galerie sur le *lac des Etroits* (longueur 80 m., largeur 8 à 20, profondeur 3 m.), on peut apercevoir dans sa voûte (coupe XVI) une vaste arcade triangulaire comme celle du débarcadère (coupe VIII), mais bien plus grande. Je reviendrai sur ces perforations et sur les formes des galeries à propos du creusement de la rivière souterraine.

Au lac des Etroits, nous quittons de nouveau les diaclases pour les joints de stratifications, entre lesquels la rivière a frayé sa voie pendant 300 mètres, jusqu'au vingt-cinquième gour et au lac de la Chapelle; c'est un majestueux *grand canal,* profond de 2 à 4 mètres, et où la largeur, variant de 6 à 12 mètres, l'emporte partout (contrairement à l'allure des diaclases) sur la hauteur, qui ne dépasse plus 5 à 8 mètres. Au vingt-troisième gour, la voûte s'abaisse à 1^{m},50 (premier tunnel) et même à moins d'un mètre (deuxième tunnel) : c'est la plus forte de toutes les dépressions des plafonds de la caverne. (*V.* coupes XVII à XIX.)

Après la Chapelle réapparaissent les diaclases avec des hauteurs de 30 et 40 mètres, des strates rocheuses demeurées en place et formant des ponts naturels, et des arcades supérieures (coupes XX à XXII) fort élevées.

C'est au trente-deuxième gour que, lors de la découverte, dans la nuit du 10 au 11 juillet 1889, à deux heures du matin, nous nous étions arrêtés, Gaupillat et moi, à bout de forces et incapables, tout seuls, avec un unique bateau, de scruter davantage le noir inconnu qui continuait à fuir devant nous! De ce point jusqu'au trente-quatrième gour, sur 60 mètres d'étendue, la galerie se complique singulièrement. D'abord elle s'élargit et présente à droite une abrupte berge argileuse, la *grève du Repos,* où nous fîmes une longue halte lors de la seconde expédition (10 septembre 1890) avec de Launay, Armand et Foulquier. Puis arrive le trente-troisième gour, où le courant fait un brusque saut de 1 m. 50, tandis que la galerie tourne franchement à gauche; la voûte s'abaisse, de gros blocs éboulés semblent assez mal arc-boutés entre les deux parois, et ils ne laissent plus qu'un étroit passage, haut de 4 mètres seulement, précédant le trente-quatrième gour. Celui-ci n'est pas un barrage de stalagmite, mais un bas-fond d'argile en 1890, — submergé en mars 1896, — et de sable en septembre 1898, décembre 1899 et mai 1900. De nouveau la rivière tourne à droite à la *grève du débarquement,* qui, suivant la hauteur de la rivière, est à sec, — ou boueuse, — ou immergée sous un ou plusieurs mètres d'eau. A main droite, sur une corniche rocheuse, M. Viré, muni de mon matériel, a trouvé, en août 1898, deux couloirs à orifice étroit, dont j'ai pu, le 5 septembre suivant, faire le plan et m'expliquer les dispositions. (*V.* plan et coupe XXIII.) Le premier, celui du sud, est le plus haut placé, à 12 mètres au-dessus de la rivière; une rude montée suivie d'une petite descente y fait passer, sans qu'on s'en doute, au-dessus du courant même (en amont du trente-quatrième gour), pour aboutir sur une large terrasse qui, à 8 mètres plus haut que le niveau de l'eau, court sur la rive gauche entre le trente-deuxième et le trente-quatrième gour. Inaccessible sans échelle, elle nous avait échappé lors des premières visites, et c'est, sans doute possible, un des anciens niveaux du lit de la rivière souterraine.

Le second couloir (galerie Viré), ouvert à 9 mètres au-dessus de la grève de débarquement, se maintient à peu près constamment à cette hauteur, décrit les coudes brusques portés sur le plan, et montre les indices les plus nets d'un violent effort des eaux, notamment une fort belle coupole d'érosion à la voûte vers le milieu; le parcours en est très difficile, à cause des blocs d'éboulement qui en encombrent le sol inégal; en plusieurs points les pierres qu'on jette dans les interstices de ces blocs tombent dans l'eau. Au bout de 70 mètres, le couloir se bifurque, mais les blocs y deviennent si branlants et si dangereux qu'il n'a pas paru possible, jusqu'à présent, d'en visiter les prolongements : celui de droite tourne au sud et, d'après le plan, irait déboucher dans la rivière au-dessus de la grève du Repos; cela n'aurait rien que de très naturel, mais demande à être vérifié, à cause de la façon très sommaire dont mon levé a été exécuté simplement à la boussole; pour explorer celui de gauche, il faudrait amener là, et à grand'peine, une échelle de corde de 9 mètres, car telle est la profondeur d'un large trou à pic, dont le fond est rempli par un bassin où la sonde m'a donné une hauteur d'eau de 3 m. 50. Je ne saurais dire si cette eau est celle d'un affluent latéral de Padirac ou bien d'une infiltration de la galerie principale, où l'on trouve justement, en bas du trente-troisième gour, une petite niche pleine d'eau, dirigée au nord vers la galerie Viré et qui pourrait fort bien être l'orifice de quelque vase communicant de ce côté. Comme pour la galerie Giraud (V. p. 124), j'inclinerais à croire que la galerie Viré est une ancienne dérivation latérale du couloir principal, qui se serait creusée et aurait fonctionné dans les mêmes conditions. A ce propos, je ne pense pas trop m'avancer en supposant que, tout le long des murailles de la grande galerie, il doit exister et on pourra trouver tôt ou tard, à des hauteurs diverses, d'autres orifices de galeries de ce genre, diaclases conjuguées à celle où s'est définitivement établie la rivière et qui lui ont, durant son creusement, servi plus ou moins longtemps et régulièrement d'annexes collatérales, de bas côtés en quelque sorte, flanquant la grande nef principale. A Bramabiau (Gard), M. Mazauric et moi-même nous avons pu constater l'existence de plusieurs rameaux annexes de ce genre.

La *galerie de la Fatigue*, la *grève des Noms*, les *lacs du Découragement* et *de la Fin* ne provoquent d'observations qu'à propos du régime actuel de la rivière, qui sera examiné au chapitre X.

Il faut seulement noter qu'il y a là (à 1,660 m. de distance de la Fontaine, et 1,880 du bassin originaire du ruisseau, chiffres rectifiés par les travaux topographiques de 1895, 1896, 1898 et 1899) un rétrécissement, franchi pour la première fois le 14 avril 1899 par MM. Viré, Albe et Giraud, et qui avait été tout simplement obstrué, complètement occupé par une cascade de stalagmite tombant de la voûte. Au lieu de construire, comme au Pas du Crocodile, deux piliers, entre lesquels un passage restait ouvert, les concrétions ont peu à peu rempli tout l'intervalle d'une paroi à l'autre, descendant en rideau jusqu'au niveau de l'eau, interceptant tout à fait son cours et la contraignant à faire vase communicant. C'est un intéressant exemple de l'obturation des cavernes par la stalagmite, et j'ai déjà dit qu'il serait possible (mais non certain) que les fonds des grottes de Saint-Marcel-d'Ardèche (*les Abîmes*, p. 92) et de Dargilan (Lozère) (*Mémoires de la Société de spéléologie*, n° 20) fussent actuellement barrés par des murs stalagmitiques analogues, interrompant maintenant l'ancienne communication avec les gouffres où s'engloutissaient peut-être les courants qui les ont formés.

Cette muraille stalagmitique de Padirac, qu'il faut nommer désormais la *Grande Barrière*, était percée, au sommet, du tout petit trou si heureusement reconnu par M. l'abbé Albe (*V.* p. 66) et qui a permis de descendre de l'autre côté; elle touche donc la voûte, haute en cet endroit de 20 mètres, et où l'on distingue nettement les fissures naturelles (également oblitérées par les concrétions) d'où ont découlé, et découlent encore après les pluies, les abondants suintements qui ont formé le dépôt stalagmitique; à son sommet, et sous les fissures, ce dépôt est creusé de gours et bassins pleins d'eau lors de l'expédition du 15 avril 1899 et complètement à sec en décembre suivant et mai 1900, du moins vers l'aval; car à l'amont (côté est) il y avait, le 30 mai 1900, un assez notable suintement à 12°,5; la coupe en longueur (*in fine*) montre ce dépôt épanoui en éventail, en angle dièdre, et large au sommet de 4 à 5 mètres, à la base de 25 à 30 au lieu de 1 mètre au sommet et 10 mètres à la base, comme l'ont indiqué MM. Viré et Giraud, *loco cit.* Il faut une échelle en bois de 4 mètres pour gravir le côté d'amont et une en cordes de 15 mètres pour descendre le côté d'aval. Ce qu'il y a de plus étrange, c'est l'existence, sous ce dépôt, du bassin que j'avais reconnu en mars 1896 et en septembre 1898, et qui avait contribué à me faire pressentir l'existence d'un prolongement de la galerie. Ce bassin constitue un vide sous le milieu même du dépôt. Il est d'accès tellement difficile, par les étroits boyaux argileux de la *Souricière* (*V.* coupe XXIV), que personne ne m'y a suivi encore et que je n'ai pu, lors de mes deux tentatives, ni arriver au bord de l'eau même, ni préciser l'étendue réelle du bassin; dans la dernière, cependant, j'ai réussi à atteindre une corniche à 3 mètres au-dessus de son niveau, à y jeter une sonde et à constater que la profondeur d'eau était supérieure à 7 mètres, alors qu'elle atteignait 6 mètres en 96 et 5 mètres en 98 juste en amont de la Grande Barrière; en aval de la barrière j'ai trouvé (décembre 1899) 7 mètres de profondeur d'eau au début du prolongement de la rivière. De telle sorte qu'en résumé la barrière doit être considérée comme une sorte d'épaisse pendeloque à deux pointes immergées, entre chacune desquelles s'est ménagé, sous une petite coupole, le vide du bassin intercalaire. Je reviendrai, à propos du régime hydrologique actuel, sur l'anomalie que présente ce développement des concrétions en dessous de l'eau. Si l'emploi de la poudre n'était pas très dangereux dans les cavernes, il ne serait pas impraticable de supprimer les deux pointes, malgré leur respectable épaisseur, et de rétablir le passage au fil de l'eau.

Le grand plan ci-annexé se trouvait prêt à être publié, et j'en ai même offert la première épreuve à M. Leygues, ministre de l'instruction publique, le 10 avril 1899, lors de l'inauguration de Padirac : on voit qu'il indiquait déjà, d'après mes observations de 1896 et 1898, la *fissure ascendante* et le *prolongement présumé* qui ont fini par être découverts. Ce résultat ayant été obtenu dès le 14 avril 1899, j'ai voulu différer la publication du présent travail jusqu'à ce que j'aie pu le contrôler et au besoin le compléter : tel a été l'objet de mes visites des 13-14 décembre 1899 et 30-31 mai 1900, qui m'ont montré les dispositions suivantes.

De l'autre côté de la Grande Barrière, la navigation recommence, car la rivière reprend (avec 7 m. de profondeur) son cours un instant rompu. Là j'ai vainement cherché dans les parois l'issue ou la communication du bassin intermédiaire; elle ne se trouve que sous l'eau, ou bien elle m'a échappé. La diaclase se prolonge, haute de 15 à 20 m., d'abord au nord-ouest, puis à l'ouest; toute sa largeur de 1 à 8 mètres est remplie par la rivière, profonde de 3 à 5 mètres, semée de différents obstacles faciles à franchir (argile, barre de rochers) et sans dénivellation; il convient de lui donner le nom de l'*abbé Albe*, qui, du sommet de la barrière, l'a aperçue le premier. Quelques stalagmites pendent aux voûtes, mais ne sauraient rivaliser avec celles des abords du Grand Dôme; une seule, la *Petite Pendeloque*, forme un joli rideau descendant si près du niveau de l'eau que la barque ne peut passer dessous; à gauche s'ouvre une autre galerie remplie d'éboulis; là s'étaient arrêtés MM. Giraud et Viré (le 15 avril 1899), à 130 mètres du barrage, d'après leur commune note sommaire à l'Académie des sciences (*Comptes rendus*, 8 mai 1899), en réalité à 150 mètres d'après la mesure que j'ai faite moi-même.

Dans la galerie de gauche (que j'ai nommée *galerie Bel*, du nom de l'aide qui m'y a accompagné) j'ai poussé d'abord à 80 mètres plus loin (13 décembre 1899), sur des éboulis ou le long de corniches glaiseuses, jusqu'à un bassin d'eau profond de 2 mètres, qui m'a arrêté cette fois-là ; et enfin le 30-31 mai 1900 environ à 150 mètres au delà, jusqu'à un obstacle décidément insurmontable en l'état actuel. (*V.* p. 68.)

Après 150 mètres de parcours dans la galerie Albe, la rivière est donc de nouveau barrée, au point où MM. Viré et Giraud s'étaient arrêtés en avril 1899 et avaient cru voir une bifurcation (*Comptes rendus*, 8 mai 1899) qui n'existe pas en réalité : j'ai gravi avec une échelle le massif stalagmitique de droite (la *Petite Pendeloque*), et constaté qu'il masque simplement la partie antérieure d'un considérable éboulement, qui a obstrué environ les deux tiers de la galerie primitive, en n'y laissant à gauche qu'un couloir encombré de gros blocs de rochers ; *toute l'eau passe sous ces éboulis* longs de 100 mètres (galerie Bel), parmi lesquels j'avais dû m'arrêter le 13 décembre 1899 ; le 30 mai 1900, j'ai repris ici la navigation sur une longueur de 125 à 150 mètres, avec des profondeurs de 6 à 7 mètres, et sans aucun obstacle, dans une galerie, d'abord large et haute d'une dizaine de mètres, et progressivement rétrécie en forme de fuseau ou de cigare (rivière du Fuseau).

Le fait le plus intéressant est celui de la production *récente* de l'éboulement de la galerie Bel : ce cataclysme, en effet, a établi, tout à fait accidentellement, une dénivellation, que j'évalue *grosso modo* à 1 mètre, entre la rivière du Fuseau (aval) et la galerie Albe (amont) ; la digue de rochers et d'argile ainsi constituée a relevé le plan d'eau non seulement sur les 150 mètres de la galerie Albe, mais encore sur 300 mètres de plus, c'est-à-dire en tout sur une étendue de 450 mètres jusqu'au trente-troisième gour, bien en amont de la Grande Barrière ; ce relèvement de bief a eu pour conséquence les trois faits suivants, qui sont devenus la preuve de son peu d'ancienneté : 1° une grosse borne de stalagmite a été submergée en amont de la Grande Barrière ; 2° les pointes inférieures (stalactites) de la Grande Barrière se sont trouvées immergées, en laissant libre entre elles le bassin intercalaire dont j'ai parlé plus haut ; 3° plusieurs groupes de stalagmites de la galerie Albe sont complètement enduits de l'argile apportée par les crues souterraines, et décantée alors en amont de la digue de l'éboulis, qui fait, plus encore que le vase communicant de la Grande Barrière, obstacle au libre écoulement des eaux. Or, comme les stalactites et stalagmites ne se forment point dans les eaux courantes, il est de toute évidence que celles que je viens de citer n'ont pu croître, à l'air libre, qu'avant le relèvement du plan d'eau qui les baigne actuellement, c'est-à-dire avant l'éboulement de la galerie Bel : celui-ci, postérieur au dépôt des concrétions, est donc nécessairement un phénomène de l'époque géologique actuelle.

Ces nouvelles remarques établissent que la rivière de Padirac, n'ayant plus, malgré ses crues temporaires de 4 mètres et plus parfois, un débit pérenne suffisant pour contre-balancer les causes de *remplissage* dues au développement des concrétions, d'une part, et aux effondrements intérieurs, d'autre part, doit bien être considérée comme ayant à peu près terminé la période de son creusement ou de son agrandissement, et comme étant entrée dans la phase du comblement ou de l'oblitération. Une fois de plus, tout ceci démontre quelle considérable déchéance ont encourue les précipitations atmosphériques, les ruissellements superficiels et les infiltrations souterraines depuis l'époque (fin du tertiaire ou début du quaternaire) où les eaux commencèrent à agrandir les fissures naturelles du sol pour les transformer en cavernes.

VII. — ISSUE DE LA RIVIÈRE SOUTERRAINE

Comme je l'ai dit (p. 91), il est manifeste que le débouché de la rivière souterraine de Padirac se trouve à l'une des sources (fontaines plutôt) qui jaillissent sur la rive gauche de la Dordogne, au pied des falaises septentrionales du Causse de Gramat.

La tradition voulait que ce débouché fût à la fontaine de Saint-Georges, près Montvalent, où serait ressortie jadis une charretée de foin jetée au gouffre, c'est-à-dire à 10 kilomètres ouest à vol d'oiseau de la galerie Bel. Mes diverses expériences à la fluorescéine faites en 1890, 1896, 1898, 1899, au pied amont de la Grande Barrière, ont donné des résultats contradictoires, plaçant l'issue tantôt à Gintrac (distance du même point 3 kilomètres au nord-nord-est), tantôt au pont de Carennac (5 kilomètres et demi au nord-nord-ouest); mais je suis arrivé à les considérer comme nulles et non avenues, à cause : 1° de l'imprécision des renseignements, confus ou indirects, qui m'ont été fournis sur les prétendues réapparitions de la couleur verte à Carennac ou à Gintrac (où un paysan l'aurait vue jaune-orange!); — 2° de la trop faible quantité de substance jetée à chacun de mes essais et qui, d'après mes expériences ultérieures en d'autres localités, aurait dû être beaucoup plus considérable; — 3° de l'absence totale de courant (à l'étiage) et de la profondeur d'eau dans la galerie Albe, qui, jointe à la distance à parcourir, allongerait la durée de la transmission bien au delà du temps rapporté par des indicateurs insuffisants.

C'est par plusieurs kilogrammes qu'il faudrait procéder pour colorer toute la rivière, si l'on veut obtenir un résultat probant.

La déviation vers l'ouest depuis le trente-deuxième gour ne peut fournir aucune indication sur la correspondance avec telle source de préférence à telle autre, bien qu'elle se maintienne dans cette direction presque uniforme pendant 700 mètres; la distance est encore trop grande pour cela, et un nouveau changement de direction au nord ou même à l'est reste absolument vraisemblable. Mes préférences seraient pour la source de Gintrac, à cause de sa situation géologique, de son volume d'eau, de son altitude et de ses variations de niveau. C'est, en effet, dans le ravin qui occupe le fond du joli cirque rocheux de Gintrac que, en amont de ce village, une fontaine permanente jaillit, mais à des niveaux plus ou moins élevés (compris entre 180 et 200 m. d'altitude) selon l'abondance des eaux. Ces fluctuations, qui correspondent naturellement à un débit plus ou moins fort, répondent fort bien aux crues souterraines de la rivière de Padirac, que nous allons étudier au chapitre de son régime actuel. Comme les Gillardes (Isère), la Vis (Hérault), la Sorgues d'Aveyron, et même la Sorgue de Vaucluse, la Bosna (Bosnie), etc., etc., la fontaine de Gintrac est une source *aveuglée*, c'est-à-dire dont les galeries-réservoirs se trouvent (à leur point de sortie) oblitérées par des éboulements ou d'autres matériaux d'obstruction accidentels (*les Abîmes*, p. 148, 550). Comme à la Foux-du-Buèges (Hérault), le niveau est inconstant; le plus bas seul correspond à celui de l'étiage ou de la plus basse galerie; à travers les éboulis d'aveuglement, les autres points d'émergence temporaire remontent plus ou moins haut, selon le niveau atteint par l'accumulation des eaux de pluie dans les dernières parties de la caverne, accumulation provoquée soit par les vases communicants, soit par les éboulements de l'intérieur. A ce point de vue, rien ne s'oppose à la communication de Padirac avec Gintrac. Peut-être quelques déblaiements dans le thalweg même de la fontaine permettraient-ils d'y mettre au jour un orifice susceptible de conduire par là à l'aqueduc terminal de Padirac; mais le hasard seul guiderait pareil travail, de succès bien incertain. Et il est d'ailleurs possible que, étant donnée la nature argileuse et ébouleuse du terrain liasique en ce point, (*V.* p. 141), le cheminement de l'eau s'opère, sur un long parcours, à travers les interstices de matériaux meubles vraiment impraticables à franchir. Je n'indique cette éventualité que pour le plaisir de l'avoir prévue, si jamais on venait à la réaliser.

Au surplus, un nouvel examen détaillé que j'ai fait des falaises de Gintrac et de leurs fontaines, le 29 mai 1900, loin d'éclaircir la question, l'a plutôt compliquée fortement. Voici comment.

La crête de ce cirque, juste au nord du hameau de Tandinon, est formée, à 305, 303 et 310 mètres d'altitude, par le sommet des falaises du calcaire oolithique (à *Pecten pumilus*) ou même dolomitique du bajocien; cette falaise repose elle-même sur les calcaires grossiers à *Ostrea Beaumonti* (sommet du lias), à la base desquels les argiles à *Ammonites bifrons* du lias supérieur (toarcien) forment niveau d'eau; or, à ce niveau même existent :

d'abord, vers l'est du cirque, une grotte à vaste entrée, mais peu profonde, obstruée qu'elle est par des amas de tufs qu'ont déposés une venue d'eau aujourd'hui tarie; et surtout, au pourtour du cirque, trois petites fontaines (à 13°,2 cent.) à l'altitude de 252 mètres. *A priori* on devait supposer, et j'ai pensé pendant longtemps, que ces venues d'eau pourraient correspondre à l'issue de notre rivière souterraine; le gisement géologique et la température le voudraient aussi : mais la topographie s'y oppose, l'altitude de la rivière du Fuseau étant (sauf rectification de quelques mètres en plus ou en moins) à 224 mètres seulement; les fontaines supérieures du cirque de Gintrac ne peuvent donc pas matériellement constituer le débouché de la rivière de Padirac, dont le bout reconnu (à 3 kilom. au sud-ouest, à vol d'oiseau) gît environ 28 mètres plus bas; ces fontaines sont le produit du drainage de la portion nord du Causse avoisinant la Dordogne, drainage effectué par les fissures de roches calcaires épaisses de 50 à 75 mètres.

Si l'on continue à descendre le ravinement principal, on y rencontre successivement :

1° A 240 mètres d'altitude, un deuxième dépôt de tuf formé soit par les fontaines supérieures, soit par une venue d'eau tarie comme celle de la grotte voisine et, en tous cas, trop haute encore pour correspondre à la rivière *actuelle* de Padirac.

2° Une absorption complète des filets d'eau des trois fontaines parmi les formations détritiques qui recouvrent toutes les pentes de la partie moyenne du cirque de Gintrac; ici toutes ces eaux coulent en terre sous les éboulis détachés jadis des falaises ou sous une épaisse couche de terre végétale.

3° A 196 mètres d'altitude, un troisième dépôt de tuf, plus considérable que les deux premiers et qu'une tranchée de la route a mis à découvert sur un front d'environ 25 mètres; l'altitude permet de supposer que là peut se trouver une ancienne issue, aujourd'hui bouchée par le tuf, du ruisseau de Padirac, dont la partie connue s'arrête 28 mètres plus haut; cette différence de niveau laisserait au courant souterrain une pente de plus de 1 p. 100, amplement suffisante pour l'écoulement. C'est ici, selon moi, qu'il faudrait tenter le creusement dont j'ai parlé tout à l'heure. Mais combien il serait aléatoire!

4°, 5° et 6° Superposées l'une à l'autre, aux altitudes de 190 mètres, 183 mètres et 175 mètres, les trois *fontaines inférieures* de Gintrac, dont la plus basse coule seule après les sécheresses, mais ne tarit jamais. C'est ici que l'embarras devient extrême et que je veux m'abstenir de toute conclusion formelle. Par leur altitude et par leur température (13° à 13°,2) ces trois fontaines peuvent être aussi bien la résurgence de Padirac même (venant de 35 à 50 m. plus haut) que celle, tout simplement, des trois fontaines supérieures de Gintrac, momentanément enfouies (*V.* ci-dessus 2°), vers 240 mètres d'altitude, sous le revêtement détritique du moyen cirque. La fluorescéine n'a encore donné ici aucun éclaircissement. Le 30 mai 1900, à onze heures du soir, j'ai jeté 500 grammes de fluorescéine à l'extrémité de la rivière du Fuseau, quantité suffisante pour colorer, à l'œil nu, sous une épaissseur d'eau de 0 m. 10, 20,000 mètres cubes, soit, pendant onze heures, une fontaine débitant 500 litres par seconde. A l'étiage, les fontaines de Gintrac sont loin d'atteindre un pareil volume.

A raison d'un kilomètre ou un kilomètre et demi par jour (40 à 60 m. par heure), vitesse moyenne que j'ai le plus souvent observée dans les rivières souterraines à faible pente ou à petit débit, la coloration vert-jaune intense aurait dû (pour 3 kilom. de distance) se montrer aux basses.fontaines de Gintrac au bout de 2 à 3 jours, c'est-à-dire dans le courant du 2 juin. Sur ma demande, M. J.-P. Vailles, maire de Gintrac, a bien voulu faire surveiller les fontaines, et m'écrire, le 13 juin, qu'après de fréquents examens aucune coloration n'avait été relevée.

La question de l'issue des eaux de Padirac reste donc en suspens.

VIII. — GÉOLOGIE. — MINÉRALOGIE. — PALÉONTOLOGIE

On a vu, p. 16, que le gouffre de Padirac s'ouvre dans les grandes dalles du calcaire lithographique du Bathonien, épais de 20 à 30 mètres. Mais dans ses deux tiers inférieurs se voient nettement les calcaires oolithiques bajociens à *Pecten pumilus*, épais de 80 à 100 mètres, où se trouve principalement développé le cours de la rivière souterraine. Au-dessous de ces deux étages du Jurassique moyen, le lias supérieur comprend d'abord les 40 à 50 mètres de calcaires à *Ostrea Beaumonti*, qui forment les falaises du cirque de Gintrac, et ensuite les argiles à *Ammonites bifrons* du Toarcien : ces argiles imperméables constituent un important niveau aquifère qui a certainement déterminé le *niveau de base* vers lequel a constamment tendu le creusement de la rivière souterraine. (*V.* chap. IX.) C'est au sommet de ces argiles qu'il conviendrait de rechercher l'issue primitive de Padirac; mais comme, en dessous d'elles, les étages charmouthien (lias moyen) et sinémurien (lias inférieur) présentent des alternances de calcaires fissurés perméables, de marnes plus ou moins gercées, et enfin d'argiles formant un nouveau niveau d'eau, il est fort possible que, non loin de leur issue, les eaux de Padirac aient, par places, réussi à crever (par érosion et pression hydrostatique) les points de moindre épaisseur des argiles toarciennes, pour se répandre dans les formations inférieures : là elles pourraient actuellement circuler, à des niveaux mutiples, — expliquant l'étagement des jaillissements à Gintrac, et dépendant de l'abondance des pluies extérieures et du débit de la rivière souterraine elle-même, — parmi des conduites plus ou moins colmatées et empâtées par les paquets d'argile entraînée. Comme je viens de le dire à la fin du chapitre précédent, cette circonstance ne serait pas pour favoriser les tentatives de désobstruction de la source de Gintrac.

En 1890 nous avions cru, avec M. de Launay, trouver dans

la galerie de la Fontaine et sur les bords du lac des Gours des galets de quartz et de roches volcaniques (*Bulletin de la Société géologique*, 3e s., t. XIX, p. 154, 1er décembre 1890) qui ne se sont plus rencontrés depuis; les échantillons de cailloux divers recueillis en mars 1896 et soumis à l'examen de M. Mouret, ont été considérés par lui comme des grès jaspés et des nodules ferrugineux de provenance lointaine.

La variété de tels galets (même volcaniques) ne saurait rien avoir de surprenant, eu égard à l'origine aérienne des eaux anciennement entrées dans Padirac : les grès quartzeux et jaspés de l'infra-lias affleurent justement à l'origine de la grande faille entre Saint-Vincent et Saint-Céré; les roches primitives du Plateau central commencent à 12 kilomètres à l'est du gouffre, et la base du volcan du Cantal n'est qu'à cinquante kilomètres dans la même direction; la pente naturelle de ces terrains étant vers l'ouest, il est tout logique que des rivières charriant leurs fragments aient entraîné ceux-ci dans la faille de Saint-Céré et dans tous les autres points d'absorption du Causse de Gramat, situé à une altitude inférieure, — et qu'en conséquence on les retrouve dans les gouffres et les rivières souterraines de ce plateau.

J'ai dit quel intérêt il pourrait y avoir à étudier et analyser les argiles, brèches et alluvions étagées sur les corniches des grandes diaclases de Padirac.

On s'était demandé si les dépôts d'argile de décalcification de la Rivière Plane, etc. (*V.* p. 109), ne pourraient pas recevoir une application industrielle. M. Roujon, directeur des beaux-arts au ministère de l'intruction publique, a bien voulu faire analyser à la manufacture de Sèvres l'échantillon que je lui ai remis à cet effet; et je dois à son extrême obligeance la communication suivante :

L'argile de Padirac est une terre plastique, ferrugineuse, contenant des quantités importantes de carbonate de chaux et de mica. Elle fait facilement pâte avec l'eau; son grain est d'une grande finesse; elle devient très dure après séchage. Cuite à la température du four à porcelaine, cette argile entre en fusion et donne un verre brun foncé; cette fusibilité est due à la présence du carbonate de chaux. Cuite à la température de cuisson des pote-

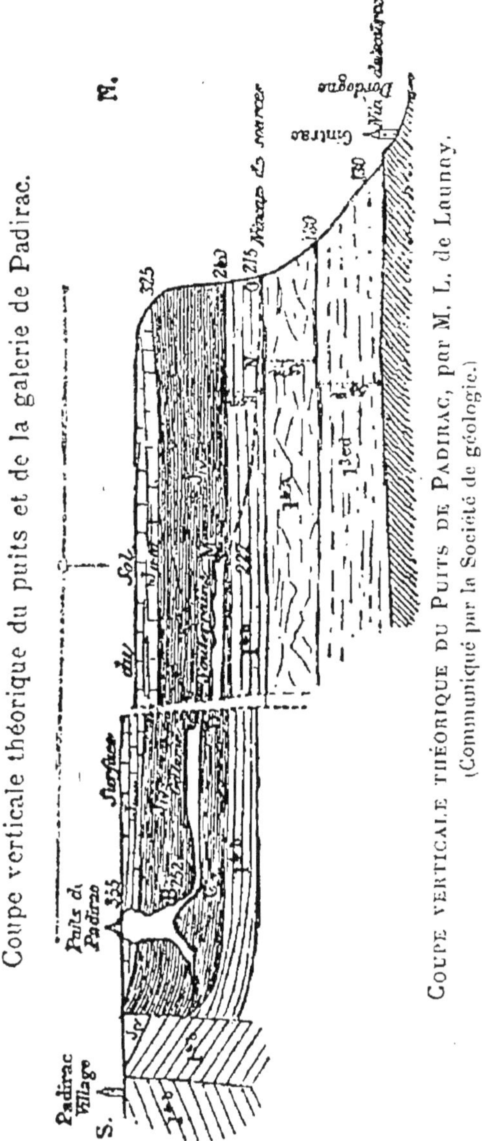

Coupe verticale théorique du puits et de la galerie de Padirac.

COUPE VERTICALE THÉORIQUE DU PUITS DE PADIRAC, par M. L. de Launay.
(Communiqué par la Société de géologie.)

ries communes, elle devient d'un ton rouge clair rappelant les poteries gallo-romaines, et sa cassure en présente la finesse.

Cette argile pourrait être employée à la fabrication de briques de construction, de tuiles, de poteries rouges ordinaires, et à celle de faïences stannifères.

L'administrateur de la manufacture de Sèvres,
Signé : BAUMGART.

Les concrétions de Padirac ne semblent devoir donner lieu à aucune observation spéciale : la coloration rougeâtre de beaucoup d'entre elles est due à un mélange d'argile entraînée par les eaux d'infiltration. Elles sont, comme d'habitude, de calcite plus ou moins pure, et probablement d'aragonite dans les endroits où la cristallisation s'est opérée le plus lentement (particulièrement dans les gours).

Au fond du grand puits, et surtout en bas du rideau de tuf suspendu sous la terrasse, plusieurs petits bassins naturels renfermaient de ces pisolithes que les Autrichiens ont nommés *Höhlen Perlen* (perles des cavernes), petites concrétions sphériques formées par le dépôt concentrique de la calcite autour d'un noyau primitif souvent microscopique, grain de silice ou débris organique quelconque : on sait que ces pisolithes se forment par le mouvement continuel de l'eau calcarifère sur les points où les suintements, tombant de haut, entretiennent une agitation perpétuelle, ou même un petit tourbillonnement permanent, dans des récipients naturels d'où les nodules ne peuvent plus sortir (*Spéléologie,* p. 103). Malheureusement ces récipients du grand puits de Padirac ont été en grande partie détruits par les travaux de fondation du grand escalier du gouffre.

J'ai expliqué ailleurs (*Abîmes,* p. 118, 257, etc.) ce qu'on pouvait attendre de fouilles profondes sous les talus d'obstruction des fonds d'abîmes, tant au point de vue de la date de formation de ces gouffres, fournie par l'âge des fossiles qu'on y trouverait, que des découvertes possibles d'animaux très anciens, peut-être tertiaires comme ceux des phosphorites du Quercy. A Padirac, de telles fouilles seraient sans doute des plus fructueuses, à cause de la largeur et de l'horizontalité de son orifice, qui en fit toujours, pour les animaux, un gigantesque piège des plus dangereux ; lors de nos premières descentes, l'atmosphère du gouffre était empoisonnée par les émanations des cadavres de bêtes tombées ou jetées de façon ininterrompue; depuis l'aménagement et la pose des garde-fous grillés, le fait ne se produit plus; mais on voit toujours les interstices du talus d'éboulement complètement bourrés d'os de chevaux, bœufs et moutons contemporains. Sous la croûte superficielle du talus il ne faudrait pas creuser très profondément pour arriver à la base de ce tas de squelettes, pour parvenir aux plus anciens, à ceux qui sont tombés les premiers, aussitôt le gouffre ouvert, et qui, par conséquent, materaient de façon assez précise la production du cataclysme. Il suffirait, pour des sondages de ce genre, de choisir, sous la projection de l'orifice supérieur, les points qui auraient eu le plus de chance d'échapper aux remaniements des eaux souterraines. Mais il est bien probable que l'on ne recueillerait pas des restes aussi anciens que ceux des gouffres d'érosion (formés de haut en bas par les rivières absorbées qui les creusaient), parce que les gouffres d'effondrement (formés de bas en haut, comme Padirac, par les rivières souterraines déjà établies depuis longtemps) sont certainement beaucoup plus jeunes.

IX. — CREUSEMENT DE LA RIVIÈRE SOUTERRAINE

La rivière souterraine elle-même (chap. VI) occupe une série de hautes fractures naturelles verticales (*diaclases*) alternant avec de bas tunnels pratiqués aux dépens des *joints* de stratification.

Le plan général montre, comme dans toutes les rivières souterraines connues, que les plus grands vides se trouvent généralement en amont d'une dépression presque toujours coudée, c'est-à-dire en un point où les eaux, parvenues au bout d'une diaclase, et rencontrant dans la roche compacte une résistance, ont dû séjourner davantage, jusqu'à ce que la prolongation de leur effort ait établi, par la dilatation d'un joint, la communication avec la diaclase la plus rapprochée.

Les diaclases, en effet, ne se prolongent pas en général sur des kilomètres comme les failles; quelques centaines de mètres sont leur étendue extrême; les mouvements de l'écorce terrestre ne les ont pas ouvertes en prolongement les unes des autres, mais presque toujours parallèlement ou avec une certaine obliquité, souvent même perpendiculairement entre

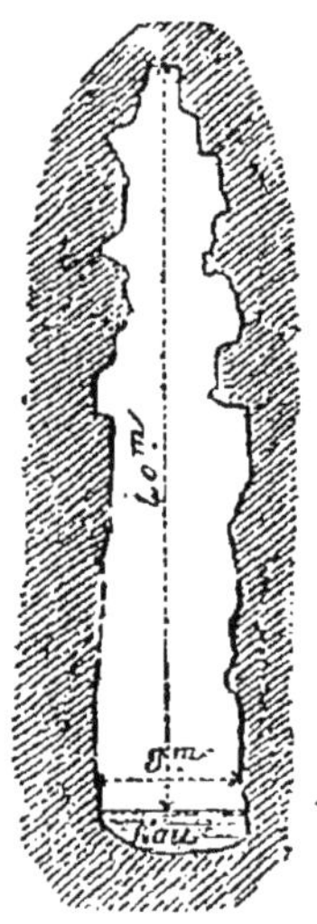

Coupe d'une galerie en diaclase.

elles, à l'image du réseau de fentes que la torsion provoque dans une épaisse lame de verre (expériences de M. Daubrée). Il s'ensuit qu'à l'origine de la formation des cavernes, l'eau, introduite dans une diaclase plus ou moins haute et longue, s'y est accumulée (en corrodant peu à peu les parois) jusqu'à ce qu'une issue lui ait été ouverte. Presque toujours cette issue se trouve pratiquée en bas et au bout de la diaclase, par un joint plus ou moins horizontal de stratification, que la corrosion et la pression hydrostatique ont fini par dilater, et qui sert de passage transversal, de tunnel de jonction vers la diaclase la plus proche et la mieux disposée pour recueillir les eaux d'amont. Celles-ci donc s'y précipitent par la voie latérale ainsi ouverte, et c'est de cette manière que, par le trait d'union des joints (et réciproquement), les rivières souterraines ont fini par s'établir, de diaclase en diaclase, sur un plan sinueux, en zigzags presque toujours coudés à angle droit, souvent ramenés en arrière, et dont les figures capricieuses dépendent uniquement de la disposition primitive des cassures du sol. Naturellement, les joints originaires ne font que s'agrandir au fur et à mesure que la rivière s'allonge, que le courant s'établit, que l'érosion mécanique commence son œuvre et que le travail de l'eau peut s'y exercer de plus en plus efficacement.

Dans la partie actuellement connue de la galerie principale de Padirac il existe, conformément à ces principes, une succession de six parties basses dans des joints, alternant avec six parties hautes dans des diaclases (*V.* la coupe générale); ce sont, d'amont en aval, en désignant les premières par des chiffres romains et les secondes par des chiffres arabes :

COUPE TRANSVERSALE DU TUNNEL DE PADIRAC.

I. La galerie du Ruisseau, qui précède :

1° La Grande Arcade et le grand gouffre, suivis de :

II. La voûte basse de la Fontaine, relevée dans :

2° La galerie de la Fontaine. — Ensuite,

III. La voûte de l'Embarcadère (hauteur 8 à 10 m.) est bien un joint de stratification agrandi, ayant opéré la réunion entre la diaclase de la galerie de la Fontaine et :

3° Celles de la *Rivière Plane* au Grand Dôme qui lui font suite. C'est la résistance des joints de la Fontaine et de l'Embarcadère qui jadis a accumulé les eaux dans la coupole devenue gouffre et dans la galerie de la Fontaine; sous quatre atmosphères et plus de pression, le sol lui-même s'est enfoncé, et c'est pourquoi, immédiatement en aval de la voûte basse de l'embarcadère, le thalweg souterrain acquiert tout d'un coup une plus grande profondeur, où l'eau se maintient de nos jours, à cause des barrages naturels (gours) qui se sont formés plus loin. Les choses se sont exactement passées de même pour les autres sections :

IV. Lac des Grands Gours;
4° Galerie des Etroits;
V. Grand canal des Tunnels;
5° Galerie de la Chapelle;
VI. Terrasse du 34e gour;
6° Galerie de la Fatigue, etc.

En certains cas, le tourbillonnement des eaux sous pression a arrondi les voûtes en petits dômes, sortes de marmites renversées, réduction de celui qui a crevé au grand gouffre, par exemple au *lac Rond,* à la Chapelle, à la galerie Viré, etc.

On remarquera que toutes les coupes transversales (III, V, VI, XIV à XVI, XX à XXII) des galeries à diaclases présentent, quand elles ne sont pas drapées de stalactites (galeries de la Fontaine, de la Rivière Plane, Giraud, des Etroits, Albe, Bel, du Fuseau, etc.), des alternances de corniches, saillies résistantes de la roche non emportées par les eaux, et de rainures concaves, excavées dans les parties moins dures ; ce processus est commun à toutes les galeries de rivières souterraines où la hauteur l'emporte de beaucoup sur la largeur, c'est-à-dire à toutes les diaclases, et provient des inégalités de cohésion ou de dureté du calcaire. Dès 1890, avec M. de Launay, j'ai fait remarquer que cet aspect dénonçait l'approfondissement progressif du lit de la rivière souterraine, constaté « par la présence à diverses hauteurs, sur les flancs de galeries, de brèches formées de cailloux émoussés analogues à ceux du fond du ruisseau et cimentés par de la stalagmite ». (*Bulletin de la Société de géologie,* 3e s., t. XIX, 1er déc. 1890, p. 156.)

Ces dépôts alluvionnaires, mêlés de paquets d'argile, indiquent qu'à une certaine époque les eaux, sur les plus hautes corniches, ont pu s'élever jusqu'aux voûtes des diaclases. Cette observation, combinée avec celles qui viennent de nous montrer, *à la Fontaine, à l'Embarcadère, au lac des Grands Gours, aux Tunnels et même au 34e gour* (hauteur de voûte 4 m. seulement) les cinq plafonds, surbaissés de 10 mètres à moins d'un mètre au-dessus du niveau actuel des eaux, nous fournit de bien curieuses indications sur le mode d'approfondissement de la rivière et d'agrandissement de sa galerie.

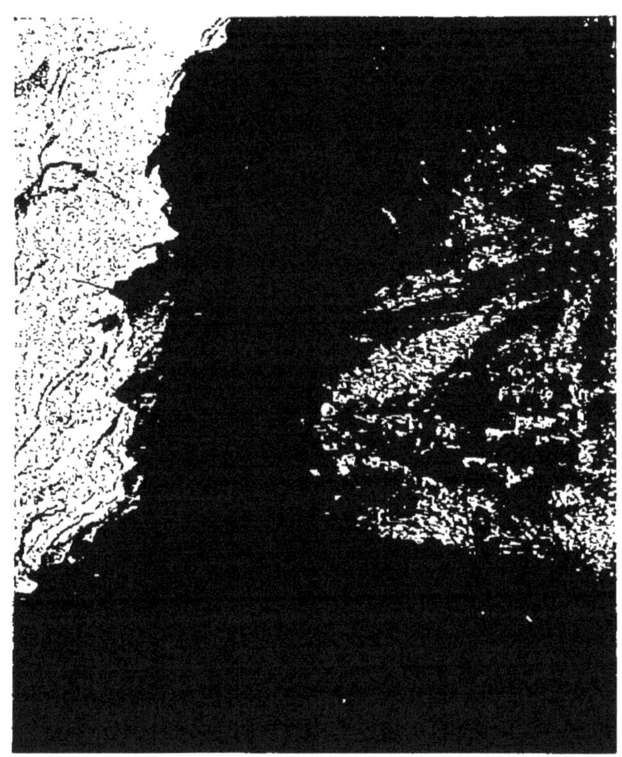

GRANDE GALERIE DE LA RIVIÈRE PLANE.
(Photographie de l'auteur.)

En effet, après que, comme je l'ai expliqué ci-dessus, l'écartement des joints de stratification en ces cinq points eut procuré une issue aux eaux, celles-ci ne trouvèrent d'abord dans ces issues qu'un échappement limité, débitant certes moins d'eau qu'il n'en arrivait par l'amont, aux anciennes époques de très fortes précipitations atmosphériques.

Entre ces points de vidange trop resserrés, les diaclases

devenaient des citernes, dont les parois subissaient l'attaque corrosive, l'action chimique des eaux souterraines emmagasinées; de là résulta un premier agrandissement des fentes verticales; quand les eaux, à la longue, eurent trouvé un débouché extérieur (sans doute par suite de l'approfondissement de la vallée de la Dordogne), un courant s'établit dans l'intérieur du drain immense, faisant entrer en ligne l'érosion ou action mécanique du torrent souterrain chargé de sables et de cailloux; c'est alors surtout que furent sculptés tous les reliefs internes et tous les accidents des parois de Padirac, jusqu'à ce que le courant eût trouvé, conformément aux lois de la pesanteur, son *niveau de base* ou profil d'équilibre, auquel il est parvenu de nos jours, car ses plus profonds bassins ne dépassent pas 7 mètres de creux (à l'étiage), et la ligne actuelle de ses fonds est donc fort peu accidentée. Il n'en était pas de même quand la rivière, n'ayant pas encore approfondi suffisamment les diaclases, passait par les hautes fenêtres que j'ai signalées au-dessus de ponts naturels, au Débarcadère, au lac des Etroits, en amont de la Chapelle, au 34e gour, etc. (coupes VIII, XVI, XX à XXIII). Alors le lit primitif de la rivière présentait des irrégularités considérables et des alternances de creux et de saillies, de bas et de hauts-fonds, très accentués. C'est ainsi que les arcades superposées aux gours 26 à 32 notamment se trouvent de 15 à 20 mètres plus haut que la surface actuelle de l'eau à l'étiage. Il est clair que, quand la rivière coulait à ce niveau, elle opérait, depuis les deux tunnels, un mouvement ascensionnel, comme dans les vases communicants ou les siphons d'aqueducs. Les sources dites vauclusiennes ne sortent pas de terre autrement. J'ai même pu relever une très remarquable disposition de ce genre dans la grotte-source intermittente de l'Ecluse (Ardèche), où, sur la longueur d'environ 600 mètres, une coupe verticale, ondulée, des plus curieuses, présente une succession de trois siphons normaux et de trois siphons d'aqueducs ou vases communicants, présentant jusqu'à 12 mètres de dénivellations, que le courant n'a pas encore pu faire disparaître. (*V.* la coupe dans *les Abîmes*, p. 96.)

Bref, les corniches latérales, les arcades et les ponts de rochers des diaclases de Padirac nous montrent à merveille comment l'eau a procédé pour abaisser petit à petit le plan moyen de la rivière à un niveau inférieur à celui de ses plus

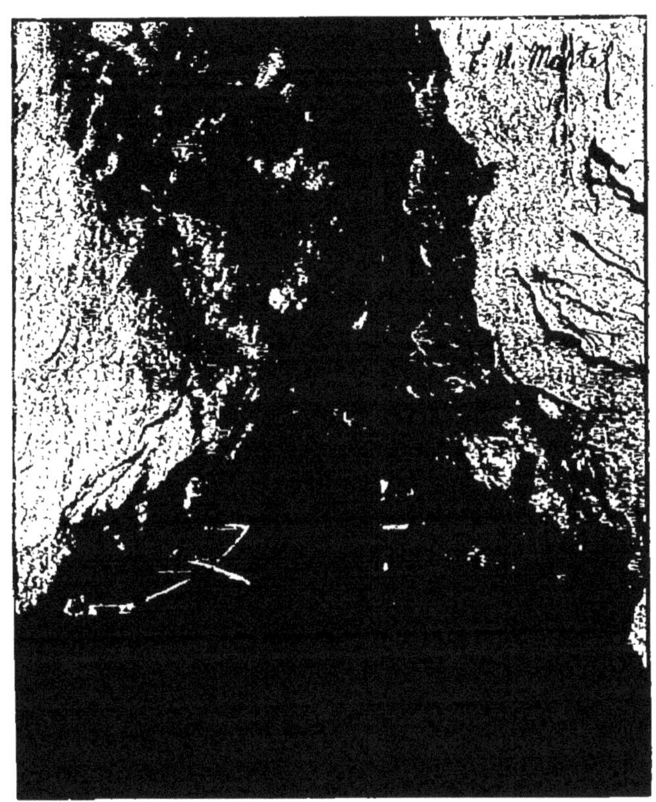

LA RIVIÈRE PLANE.
(Photographie de l'auteur. Communiqué par *la Géographie*, Masson éditeur.)

basses voûtes, *les Tunnels* : en ce point, et dans les autres abaissements similaires, elle n'a jamais cessé de couler à *conduite forcée, en siphonnant,* avant le jour où, d'un bout à l'autre, le creusement s'est trouvé accompli en dessous du niveau du plus bas obstacle : cet obstacle a, dès l'origine du creusement, dès l'ouverture des joints de communication, imposé en quelque sorte au courant souterrain un point obligatoire de passage, un minimum de hauteur (les Tunnels, altitude 232) vers lequel les lois de la pesanteur l'ont fait tendre, sous pression hydrostatique et aux dépens des saillies de son lit, jusqu'à ce qu'il ait pu en atteindre le niveau; ce jour-là les obstacles ont cessé d'être des voûtes mouillantes, et le régime actuel s'est établi, à une époque sans doute où il tombait déjà des pluies bien plus faibles. Le peu de hauteur des tunnels indique que leur *désamorçage* ne remonte pas sans doute à une époque géologique éloignée.

Dans une certaine mesure, les dépôts alluvionnaires des corniches, à supposer qu'on les trouve dissemblables, pourraient servir à repérer les phases successives du creusement; mais il faudrait tenir compte des mille circonstances (variations météorologiques extérieures, modifications intérieures, etc.) qui ont pu, à diverses reprises et à des époques fort distantes les unes des autres, provoquer des rémittences de flux souterrains et produire, en les bouleversant, le mélange d'anciens et de nouveaux dépôts; leur stratigraphie pourrait être intéressante, mais fort difficile à étudier.

Il est remarquable que, par suite de la grande régularité de la stratification de cette partie du Causse de Gramat, qui a laissé les joints bien horizontaux (sauf le léger pendage au nord assurant l'écoulement) et surtout les diaclases bien verticales, l'approfondissement se soit opéré à Padirac dans un seul plan vertical; ainsi s'explique l'existence d'une seule et unique galerie (sauf les deux petites exceptions, incomplètement élucidées d'ailleurs, des galeries Giraud et Viré, qui sont ou des branchements latéraux, des bas côtés, ou des affluents). Dans beaucoup d'autres rivières souterraines, au contraire, l'approfondissement, au lieu de s'opérer tout droit de haut en bas, a eu lieu latéralement, la rivière occupant au fur et à mesure de sa descente une galerie ou une série de galeries situées à gauche ou à droite et en contre-bas de la précédente, qui devenait soit un trop-plein de crues, soit une grotte sèche : les deux plus célèbres types de ce genre de creusement progressif, qui démontre en même temps l'enfouissement constant des eaux souterraines, sont les classiques cavernes d'Adelsberg, excavée par la Piuka (Autriche), et de Han, approfondie par la Lesse (Belgiqne) : j'ai montré (*les Abîmes*, p. 429, 438, 447, etc.; *la Spéléologie*, p. 59) comment l'étagement de leurs galeries successives, dans des plans verticaux différents, provient de ce que, par suite de la grande inclinaison des calcaires en ces localités (45° sur l'horizon), de leur *pendage* vers la gauche, le lit du torrent, en s'abaissant, devait forcément se déplacer latéralement dans cette direction, son passage de joint à diaclase et réciproquement s'effectuant, dans le sens vertical, en gradins au lieu de perpendiculairement. C'est ainsi que, dans ces deux grottes, les hautes galeries des anciens aqueducs sont d'autant plus restées vers la droite qu'elles étaient plus élevées. Il n'y a rien eu de tel à Padirac, dont le creusement s'est perpétré, bien verticalement dans le même plan, sur plus de trente mètres de hauteur en certains points.

Nous ne pouvons qu'être frappés de la disproportion considérable qui existe entre l'immensité des vides créés sous terre à Padirac, et le faible débit (même en temps de crues) du cours d'eau actuel : cette comparaison, faite dans toutes les grottes connues, est un des plus probants indices de la diminution constante et progressive du volume des eaux météoriques depuis l'époque ignorée du creusement des cavernes. Cette loi universelle du lent dessèchement de l'écorce terrestre deviendra, pour les générations futures, une cause de préoccupations (*V. la Spéléologie*, p. 59). Déjà elle a fait de Padirac une citerne presque vidée, un réservoir de source grandement déchu de son ancienne importance : si l'aspect même n'était pas simplement suffisant pour prouver la réalité de cette manière de voir, elle se trouverait irréfutablement confirmée par ce que j'ai constaté en septembre 1897 aux trois avens et à la source de Sauve (Gard). L'importance du parallèle que j'ai pu établir alors entre les deux localités est telle que je n'hésite pas à répéter ce que j'en ai déjà dit :

« L'altitude de tous les bassins et galeries des trois avens de Sauve (le Frère, la Sœur, le Père ou trou de l'aven), l'uniformité de la température (14° cent.), le pendage des couches de terrain et une concluante expérience à la fluorescéine, prouvent surabondamment qu'ils font bien partie du réservoir d'alimentation de la source de Sauve (altitude 100 m., température 14° cent.). La forme générale de ce réservoir est facile à déduire de l'aspect des six portions que nous avons pu en reconnaître dans les trois avens : il se compose d'une succession de bassins d'érosion, corrosion et pression hydrostatique, réunis par de hautes et longues diaclases ou séparés par des siphons d'aqueducs ou vases communicants, c'est-à-dire par des strates plongeant dans l'eau et qui n'ont pas encore cédé aux efforts hydrauliques souterrains... Les grandes profondeurs d'eau (12, 13, 15, 21, 26, 29 m.) et la file de bassins reconnues à Sauve dénoncent clairement qu'il existe là un aqueduc principal (sinon unique), analogue à Padirac, mais *presque entièrement rempli par l'eau :* les dépressions du conduit de Sauve sont les voûtes les plus basses, *qui mouillent encore;* les six cloches et galeries, où nous avons pu accéder, sont au contraire les voûtes les plus hautes, actuellement seules émergées, au moins à l'étiage, car, après les orages, les eaux s'y élèvent à un niveau supérieur à celui que nous avons rencontré. Il en résulte que Padirac est un ancien réservoir vidé, tandis que celui de Sauve continue à fonctionner. La topographie explique parfaitement cette dissemblance, puisque la source de Sauve et la vallée du Vidourle ne sont que de 2 à 8 mètres en contre-bas des surfaces d'eau des trois avens de Sauve, tandis que la vallée de la Dordogne, au nord du Causse de Gramat, est maintenant creusée jusqu'à 100-130 mètres au-dessous du niveau des eaux de Padirac, qu'elles ont drainées.

« Il est certain que, lorsque le Vidourle coulera 30 mètres plus bas, les poches-réservoirs de Sauve qui, actuellement, *descendent au-dessous de son niveau,* trouveront une issue vers son thalweg approfondi ; alors la galerie vidée, ou à peu près, aura le même aspect que Padirac, avec des voûtes allant jusqu'à 50 mètres de hauteur. » (*Mémoires de la Société de spéléologie,* n° 20, juin 1899.)

Il résulte de tout ce qui précède que la caverne de Padirac a franchi l'une après l'autre plusieurs étapes dont on ne saurait, quant à présent, déterminer en aucune manière les différents âges géologiques, mais dont l'ordre de succession peut, dès maintenant, être avec certitude établi de la façon suivante :

1° Crevassement géogénique du Causse et ouverture des diaclases ;

2° Pénétration des eaux dans ces diaclases ;

3° Dilatation préliminaire des diaclases par la corrosion des eaux vraisemblablement très chargées d'acides carbonique, humique et autres ;

4° Ouverture (par pression hydrostatique et corrosion) des joints situés au bas des diaclases, et au sommet d'une zone argileuse imperméable (toarcien) que les eaux ne pouvaient pas percer ; — mise en communication, par ces ouvertures, des diaclases entre elles ;

5° Approfondissement du thalweg de la Dordogne et formation d'un ou plusieurs points d'émergence qui vont drainer les eaux souterraines jusqu'alors retenues dans les diaclases ;

6° Etablissement d'un courant dans les cavités déjà formées ;

7° Période principale d'agrandissement de ces cavités, surtout par l'action mécanique du courant ; — aplanissement progressif des inégalités primitives du fond de la caverne ; — agrandissement de la coupole du futur gouffre et du Grand Dôme ;

8° Etablissement définitif du niveau de base, déterminé à la fois par la faible hauteur des vases communicants intérieurs (les tunnels surtout) et par l'existence de la formation imperméable sous-jacente du toarcien ;

9° Effondrement du grand gouffre et achèvement du Grand Dôme, survenus au cours de la 7e et de la 8e phase et provoqués tant par l'abondance des absorptions superficielles que par l'effort des crues souterraines (V. p. 92) ;

10° Diminution progressive des précipitations atmosphériques, et par conséquent de l'importance de la rivière souterraine ; abandon définitif des étages supérieurs de l'ancien lit ;

11° Commencement de la formation des concrétions dans les parties où les eaux courantes n'atteignent plus que rarement,

— et dans les bassins où elles stagnent et subissent des oscillations qui produisent les gours;

12° Arrêt du creusement et commencement du comblement et de l'obstruction des galeries par les éboulements intérieurs — les dépôts d'argile — et les formations stalagmitiques (rétrécissements du Pas du Crocodile, de la Grande Barrière et de la Petite Pendeloque). C'est la période actuelle, celle de la déchéance finale de la rivière et du remplissage de la caverne.

Close et consommée pour beaucoup de rivières souterraines, cette période est parvenue ici au moment où elle présente la caverne sous son plus bel et grandiose aspect. Et si Padirac agonise, en quelque sorte, au point de vue géologique et hydrologique, c'est justement dans la splendeur de son apothéose.

L'heure ne pouvait être plus propice pour en effectuer la découverte.

Il n'est pas indifférent de remarquer qu'à Bramabiau, au contraire, l'état des choses est bien moins avancé. Cette autre rivière souterraine, située dans le département du Gard, et que j'ai traversée pour la première fois et explorée sur 1,500 mètres d'étendue en juin 1888, continue de nos jours, soit par elle-même, soit par ses affluents de drainage, à agrandir activement tout un labyrinthe de diaclases et de joints; de 1890 à 1892, les recherches de M. Mazauric, continuant les miennes, ont porté à 6,350 mètres l'étendue actuellement connue des couloirs ramifiés en tous sens de Bramabiau, qui est maintenant, comme développement, la plus longue caverne de France et la quatrième de l'Europe (après Adelsberg, Agtelek et Planina en Autriche-Hongrie). Le creusement de Bramabiau se trouve donc fort loin de son achèvement. De 1884 à 1900, j'ai pu à diverses reprises y constater de notables modifications et approfondissements, provoqués dans plusieurs de ses parties par l'action persistante très énergique de la corrosion chimique et de l'érosion mécanique sur les calcaires bruns de l'infra-lias du plateau de Camprieu. L'absence de toute concrétion calcique, dont aucune n'a pu se développer encore dans l'intérieur de ses cavernes; l'allure générale du ruisseau, la ver ticalité des cascades souterraines, l'ampleur des crues, etc., témoignent que le courant n'est pas encore arrivé à la période d'établissement d'un niveau de base (*V.* ci-dessus, 8°) et qu'il se trouve en plein dans la phase principale d'agrandissement (la 7e); bien que plusieurs éboulements internes s'y soient manifestés (et promettent de s'y manifester encore), bien qu'une des voûtes se soit déjà affaissée en un petit gouffre d'effondrement (et que plusieurs autres soient à prévoir dans un avenir plus ou moins rapproché), il n'est pas encore un seul de ces obstacles qui ait complètement barré la galerie principale, que l'on peut suivre d'un bout à l'autre depuis la perte du ruisseau (le Bonheur), auteur de ce remarquable creusement, jusqu'à sa réapparition (Bramabiau) dans la vallée voisine, avec une dénivellation de 90 mètres sur 440 mètres à vol d'oiseau. Divers autres indices et des conditions géologiques et hydrologiques spéciales expliquent à merveille comment, par un très curieux contraste avec Padirac, Bramabiau reste actuellement bien vivace et en pleine période d'exécution : il serait beaucoup trop long de les exposer; qu'il suffise d'insister sur l'intérêt réel que présente l'existence, à quarante lieues seulement l'un de l'autre, de ces deux phénomènes naturels ayant tout à fait les mêmes origines hydro-géologiques et les mêmes éléments de développement, et déjà si essentiellement dissemblables cependant dans leurs respectifs *états d'avancement*. C'est un objet digne de l'attention des *actualistes* en géologie. (Pour les détails sur Bramabiau, *V. Bulletin de la Société de géographie de Paris*, 1er trimestre 1893; *les Cévennes*, chap. XI, et *les Abîmes*, chap. IX.)

X. — RÉGIME HYDROLOGIQUE ACTUEL

L'étude du creusement de Padirac nous a fait connaître l'allure de ses eaux anciennes.

Son régime hydrologique actuel, singulièrement affaibli, est d'une très grande irrégularité, provoquée tant par celle des pluies extérieures que par les formes mêmes de la caverne et des obstacles semés sur le cours de la rivière.

Les troisième et quatrième explorations (septembre 1895 et mars-avril 1896) m'ont prouvé que, complètement dépendante de la sécheresse et de l'humidité extérieures, la rivière souterraine passe par toutes les alternatives d'un arrêt total à des crues assez considérables.

J'ai vu le ruisseau de la galerie d'amont et la fontaine complètement arrêtés pendant toute la nuit du 28-29 septembre 1895 et pendant trois jours du 11 au 14 décembre 1899. Au cours des travaux en 1898 et 1899, la même observation a été faite à diverses reprises par les ouvriers, toujours à la suite de sécheresses prolongées à la surface du sol.

Au contraire, les pluies et chutes de neige du 28 mars au 1er avril 1896 ont, sous mes yeux, fait gonfler la rivière bien plus vite qu'on ne le supposait : vingt-quatre heures ont suffi pour que les eaux, absorbées par les fentes du Causse, parvinssent, sous forme d'infiltration, dans la galerie souterraine. Il en résulte que cette infiltration, à travers les fissures du calcaire et 100 mètres d'épaisseur de terrain, opère bien plus rapidement qu'on ne le croyait jadis le remplissage des citernes constituées par les grottes et rivières souterraines, et que la pente de celles-ci et l'évaporation provoquent une vidange dont on ne soupçonnait pas la promptitude. *Ainsi s'expliquent tout naturellement les considérables et jusqu'à présent incompréhensibles oscillations des grandes fontaines des terrains calcaires,* telles que Vaucluse par exemple. (*V. la Spéléologie,* chap. VII.)

Donc, tout comme les cours d'eau extérieurs, ceux de l'intérieur du sol subissent des crues subites et considérables, et les cavernes sont, pour les fontaines, des régulateurs fort imparfaits, que des travaux artificiels (vannes mobiles et barrages de retenue) pourraient rendre beaucoup plus utiles. (*V. Comptes rendus de l'Académie des sciences,* 21 oct. 95, 20 avril 96, etc.)

Depuis longtemps on se doutait, sans les comprendre, de l'existence et des caprices de la rivière souterraine de Padirac; car les paysans d'alentour affirmaient qu'après les hivers très pluvieux, on avait vu quelquefois un ruisseau sortir du coin sud-ouest du fond du gouffre (la Grande Arcade), s'y élever sur les cailloux et aller se perdre dans l'angle nord-ouest (le puits du Gour). Dès 1889, j'avais reconnu la vraisemblance de cette croyance, ayant trouvé sur le col au fond du gouffre et sur les pentes et contre-pentes du dièdre qu'il forme « les traces du passage de l'eau et d'un ancien lit nettement visibles sur les pierres », et affirmé en conséquence « qu'il y a parfois communication directe, par-dessus le talus de pierres, entre la galerie du Ruisseau et le puits du Gour», et que, « gonflé en amont, barré en aval, ne trouvant pas un écoulement suffisant sous le talus, le courant s'élève par l'arcade et vient s'engloutir dans la deuxième ouverture ». Le phénomène s'est manifesté et a été authentiquement vérifié pendant l'hiver 1898-1899. Et M. Viré lui-même a pu voir sous la Grande Arcade l'eau monter à deux reprises, après des pluies très grandes et prolongées, de 16 mètres au-dessus de son étiage (juin 1898 et avril 1899) (*Comptes rendus de l'Académie des sciences,* 8 mai 1899). Et même, en février 1900, Tournié, le garde du puits, a vu, pour la première fois de sa vie, l'eau passer à 0 m. 50 au-dessus du col (alt. 290 m.) qui s'étend entre la Grande Arcade et le puits du Gour.

Il est donc définitivement établi que, dès l'origine même du ruisseau souterrain, par le bassin où convergent plusieurs pertes de la faille (*V.* p. 98), se produisent encore de grosses venues d'eau, cause principale des crues souterraines; mais sur tout le parcours du surplus de la rivière, les crevasses des voûtes jouent le rôle d'affluents et contribuent, par places, à grossir encore ces crues, particulièrement aux passages plus fissurés que les autres, tels que le puits du Gour, la grande diaclase du lac de la Pluie au Grand Dôme, le sommet de la Grande Barrière, la galerie Albe, etc. A la Grande Barrière, une véritable douche nous avait empêchés, le 28 mars 1896, d'opérer l'escalade nécessaire; très abondante encore le 14 avril 1899, l'infiltration n'a pas arrêté l'expédition Albe-Giraud-Viré; les 13-14 décembre 1899 et 30-31 mai 1900, pas une goutte d'eau ne tombait de cette voûte, et j'ai trouvé complètement desséchés par l'évaporation (ce qui achève d'expliquer leur formation stalagmitique) les nombreux petits gours ou bassins étagés au sommet de la Grande Barrière. Dans la diaclase du Grand Dôme, au contraire, on n'a jamais vu l'infiltration complètement arrêtée; toujours il y suinte au moins quelques gouttes (qui ont même nécessité, au printemps de 1900, l'établissement d'un toit pour la commodité des visiteurs). Peut-être la galerie y recoupe-t-elle, tout en haut, quelque veine d'eau supérieure permanente (*Comptes rendus de l'Académie des sciences,* 21 oct. 1895); en tous cas, cela suffit, avec la lenteur de l'écoulement, pour entretenir toujours un léger courant dans la rivière, même quand la fontaine est arrêtée. Là aussi il y a parfois de terribles averses : le 30 mars 1896, nous n'avons pu franchir le Pas du Crocodile qu'avec une lanterne bien close, tant la pluie tombait. A la fin de juin 1898, au début des travaux d'aménagement et au cours d'une de ces périodes pluvieuses qui firent dégorger la Grande Arcade, il fut même impossible de traverser le Pas du Crocodile, l'abondance extraordinaire de l'infiltration menaçant de remplir et de faire couler nos bateaux. Enfin, en mai 1900, j'ai constaté qu'un bateau de toile hors de service, laissé sur le Grand Gour en décembre 1899, avait disparu, emporté et sans doute coulé à pic dans le lac inférieur par une crue souterraine, et qu'une courte échelle de bois, laissée depuis le début de septembre 1898 à l'entrée de la galerie de la Fatigue, avait été également, depuis décembre 1899, entraînée 200 mètres plus loin, jusqu'au pied de la Grande Barrière : ce deuxième fait indique que les flux du printemps de 1900 ont été plus considérables encore que ceux de la saison correspondante de 1899.

Ceci dit pour ce qui concerne l'effet, presque immédiat, des précipitations atmosphériques, passons à l'allure des crues dans les différentes sections de la rivière : celles-ci sont au nombre de sept, au point de vue du niveau maximum que semblent maintenant y atteindre les eaux; elles forment autant de *biefs,* en quelque sorte séparés par des obstacles divers, jouant le rôle de *sas* d'écluse. Voici le régime de chacune et ses conséquences.

Première section : galerie du Ruisseau, limitée par le talus d'effondrement du gouffre; nous venons de voir que l'eau peut y monter des cotes 265 (bassin d'origine) et 257 (point d'ab-

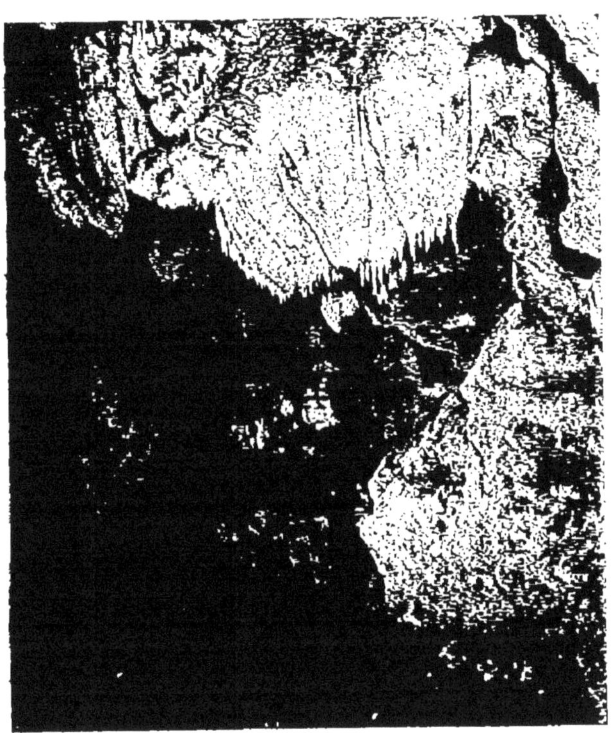

Le lac de la Pluie.
(Photographie de l'auteur.)

sorption) jusqu'à la cote 290 (celle du col en seuil); alors toute la galerie du ruisseau et les canaux ou réservoirs inconnus sous le grand gouffre sont remplis d'eau sous pression; ils font vase communicant avec la partie inférieure tout au moins des aqueducs ignorés qui réunissent les pertes de la grande faille au bassin souterrain d'origine; la fontaine coule à gros bouillons, pouvant atteindre jusqu'à un ou deux mètres cubes

11

par seconde, et, de ce fait, peut être encore sujette à certaines modifications.

Deuxième section : de la Fontaine au Pas du Crocodile (longueur 620 m.), le courant est plus ou moins violent, surtout dans la galerie de la Fontaine, suivant l'abondance des eaux. Le rétrécissement du Pas du Crocodile (second sas) élève leur niveau quand elles arrivent en trop grandes masses : l'observation directe et une ligne noire qui, dans les lacs de la Pluie et des Bouquets, semble marquer un maximum de niveau d'eaux limoneuses, indiquent que les crues doivent osciller, pour cette section, entre 0 m. 30 et 1 mètre au plus. D'ailleurs la différence de niveau à l'étiage atteint à peine 2 mètres d'une extrémité à l'autre de cette section.

Troisième section : du Pas du Crocodile aux tunnels (alt. 232 m., longueur 580 m.), une dénivellation de 18 mètres et 22 gours plus ou moins abrupts assurent une chute suffisante pour éviter le long des parois une notable élévation de l'eau; si ce n'est dans le court passage des Etroits, large seulement de 0 m. 70, les crues se contentent de transformer en bruyants rapides, en cascades, chacun des barrages de stalagmite.

Il n'est pas absolument impossible que, très exceptionnellement, la rivière arrive à toucher au moins la voûte du plus bas des deux tunnels (haute de 0 m. 50 à 1 m.), car cette voûte est encore couverte d'un enduit argileux qui témoigne d'un contact, en tous cas peu ancien, avec des eaux boueuses de crues. Si le fait se produit encore de nos jours, il serait désagréable de le constater *de visu :* en aval, on se trouverait pris dans une souricière; en amont, on aurait un rude labeur pour remonter le courant aux Etroits et sur les gours.

Quatrième section : des tunnels au pied du 33ᵉ gour (longueur 200 m.), grâce à 10 gours et à plus de 6 mètres de dénivellation, il y a encore pente suffisante pour éviter toute grande élévation du niveau, sauf peut-être au lac de la Chapelle, à cause du rétrécissement du 26ᵉ gour (largeur 1 m.).

Cinquième section : du 33ᵉ gour au pied de la Grande Barrière (longueur 240 m.), j'avais remarqué, dès mars 1896, que ces 240 mètres ne présentent plus ni gours ni pente, et que la variation du niveau des eaux peut être bien plus considérable (que dans les sections 2 à 4), sans doute à cause de l'existence d'un siphon (vase communicant) terminal de section restreinte, et que l'eau, plus haute alors de 1 m. 50 qu'en

Pas du Crocodile.
(Photographie de l'auteur. Communiqué par *la Géographie*, Masson éditeur.)

septembre 1890, doit parfois s'élever davantage encore. L'expérience a confirmé ces prévisions.

J'ai trouvé la galerie de la Fatigue tantôt à sec (sept. 1890), tantôt avec les profondeurs de 0 m. 10 (déc. 99 et mai 1900), 0 m. 50 (sept. 1898), 1 m. 50 (mars 1896). Et dans la grande crue d'avril 1899, MM. Viré et Giraud ont vu l'eau monter de

4 mètres en deux jours en aval du trente-troisième gour, qui était alors complètement submergé, de même que l'arcade de pareille hauteur précédant le trentre-quatrième gour et rendue complètement infranchissable. Il eût suffi d'une ascension supplémentaire de 2 m. 50 pour immerger également la voûte du bas tunnel; les accumulations d'argile sur 6 à 8 mètres de hauteur dans la galerie de la Fatigue et sur la grève des Noms achèvent de faire rentrer cette immersion dans la catégorie des choses possibles; ces faits démontrent amplement combien il peut être imprudent de visiter le fond de Padirac après les longues pluies ou la fonte des neiges, quand ses réservoirs d'aval ne sont pas encore suffisamment abaissés.

Sixième section : en aval de la Grande Barrière on ne peut rien dire du régime des crues avant d'avoir multiplié les observations de profondeurs, pour les comparer à la série (jusqu'à présent unique) de celles que j'ai prises en décembre 1899 et mai 1900. Deux hypothèses sont ici en présence : ou bien la section du vase communicant en dessous de la Grande Barrière est très ample, assure aux crues un large débit, et communique au sixième bief le même régime qu'au cinquième; — ou bien la formation stalagmitique n'a laissé, dans la profondeur de la rivière, que des orifices très étroits, ralentissant considérablement le passage de l'eau de la cinquième à la sixième section. Dans le premier cas, c'est au milieu du sixième bief qu'il faut placer l'obstacle suivant, soit à l'éboulis de la galerie Bel, soit au rétrécissement de la rivière du Fuseau. — Dans le deuxième cas, les deux pointes mêmes de la Grande Barrière, de part et d'autre du bassin intercalaire (*V.* p. 133), forment bien le cinquième sas, et il peut y avoir d'assez fortes dénivellations, à cause de l'étroitesse du vase communicant, entre les deux sections considérées. — D'abord j'avais opiné pour cette seconde hypothèse et énoncé même que « l'eau semble s'échapper en suintant goutte à goutte par des fissures du calcaire obstruées par le limon » (*les Abîmes*, p. 283). Maintenant je me rallierais de préférence à la première, et j'inclinerais à voir un bief unique, fort peu dérangé par la Grande Barrière, dans les deux sections considérées, et ce pour les raisons suivantes : 1° les profondeurs d'eau observées sous cette barrière sont les plus grandes de toute la rivière de Padirac, et leurs similitudes font présumer une cer-

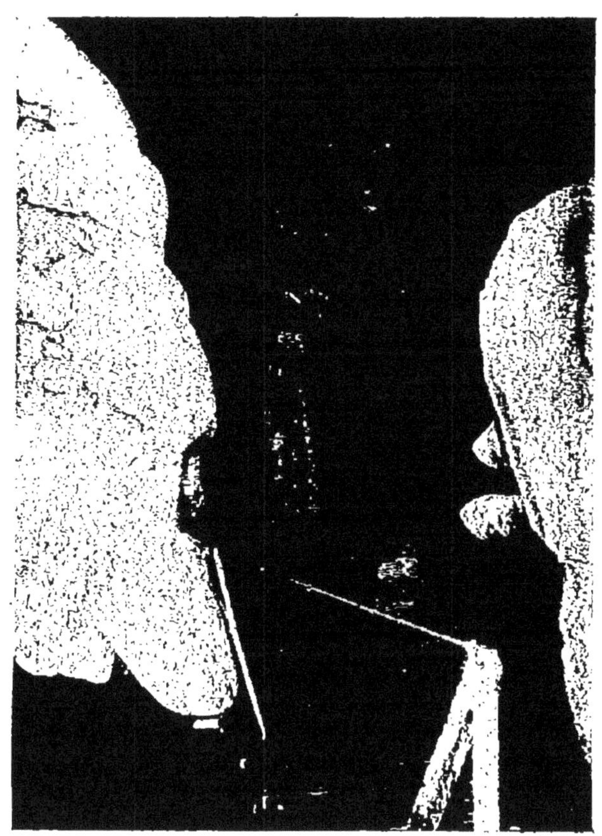

Détails du pas du Crocodile
(Photographie de l'auteur.)

taine largeur pour le tube en U sous-jacent : en amont de la rivière, 5 mètres en septembre 98 et décembre 99, et 6 mètres en mars 96 ; — bassin intercalaire, plus de 7 mètres en septembre 98 ; — en aval de la Grande Barrière, 7 mètres en décembre 99 ; — 2° l'existence du bassin intercalaire sous la barrière est exclusive d'un rétrécissement excessif sous le niveau de l'eau ;

— 3° les concrétions ne se forment pas dans l'eau courante; elles ne se déposent qu'à l'air libre ou dans les eaux stagnantes ou à peu près; donc le fait seul du plongement de la Grande Barrière dans l'eau est en opposition avec l'hypothèse d'une issue par trop resserrée; un tel rétrécissement eût justement favorisé, en temps de crue, l'établissement d'un courant absolument défavorable au développement des pointes immergées de la Grande Barrière. C'est ainsi qu'au Pas du Crocodile, où le suintement est cependant bien plus considérable et permanent, l'obstruction n'a pas été consommée, la stalagmite n'a pas réuni les deux parois; il faut donc penser qu'entre les cinquième et sixième biefs le niveau n'est jamais très différent, parce que sous la Grande Barrière le vide est assez large pour que l'eau obéisse avec calme et sans courant à la loi de l'équilibre des liquides; — 4° dans la galerie Albe les dépôts argileux humides s'élèvent au moins aussi haut, si ce n'est plus, que dans la galerie de la Fatigue; sur les berges ou sur des rochers en travers de la rivière quelques groupes de stalagmites sont recouvertes d'un épais enduit boueux.

Ces quatre raisons me semblent péremptoires.

La dernière a, selon moi, une importance spéciale et soulève une autre question : il est clair, en effet, que ces stalagmites étaient formées avant les inondations qui les ont habillées d'argile; elles n'ont pas pu l'être sous l'eau, et celle-ci présente dans la galerie Albe des profondeurs de 3 à 7 mètres dont la moyenne est supérieure à celles de toutes les parties d'amont; ceci doit être expliqué par la survenance, postérieurement au creusement actuellement atteint, d'un accident souterrain qui, *depuis la formation des stalagmites*, a dû relever ou du moins encombrer considérablement le seuil du sas de la sixième section. On a vu (p. 135) que cet accident est l'éboulement important qui a bouleversé la galerie Bel : cet éboulement joue pour les cinquième et sixième biefs, et vis-à-vis des crues, le même rôle que le talus du grand gouffre pour la galerie du ruisseau, c'est-à-dire qu'il a accumulé les blocs et les obstacles au point de contraindre, comme un vrai barrage, les plus fortes eaux à refluer sur plusieurs mètres de hauteur jusqu'au trente-troisième gour, voire jusqu'aux tunnels, et à y déposer leurs argiles sur les grèves, les rochers et les stalagmites; c'est encore un sas (le 5e ou le 6e), qui a, pour les simples eaux d'étiage, produit un relèvement du plan superficiel d'un mètre environ; un tel relèvement aura, après coup, noyé subitement les pointes en pendeloques du grand barrage, dont l'immersion devient, ainsi, bien plus compréhensible que la formation contemporaine sous l'eau, chose quelque peu anormale. Un petit fait, dont je ne me suis rendu compte qu'en mai 1900, milite en faveur de cette hypothèse du relèvement peu ancien du plan d'eau des biefs 5 et 6 : c'est l'existence, au bout du lac du Découragement, d'une stalagmite submergée, dont le développement sous l'eau ne serait pas moins étrange que celui des pointes de la Grande Barrière; au contraire, grâce au niveau de l'eau plus bas d'un mètre avant la production du petit cataclysme local qui s'est produit dans la galerie Bel, on s'explique tout naturellement la naissance de ce cône stalagmitique, sur une roche alors émergée et juste au-dessus d'une stalactite qui pend à la voûte. (En 1896 j'avais cru que cette stalactite s'était brisée et que sa partie inférieure était tombée dans l'eau depuis notre passage en 1890. C'est là une erreur matérielle qu'il faut rectifier.)

Ce relèvement du plan d'eau est, géologiquement, récent, puisque, postérieur au dépôt de stalagmites, c'est-à-dire au début de la période de remplissage, il représente un des derniers spasmes hydrauliques du creusement de Padirac.

Septième section : c'est la galerie du Fuseau; on ne peut rien dire des variations de son régime, puisqu'on ne l'a encore visitée qu'une fois (mai 1900); mais il est bien probable que, dans ce septième bief les eaux doivent s'élever assez haut lors des crues, à cause de l'obstacle formé par le rétrécissement (6e ou 7e sas) que je considère actuellement comme l'extrémité praticable de la rivière de Padirac; et qu'une élévation d'eau de quelques décimètres amorce évidemment en vase communicant ou siphon d'aqueduc.

L'attentif examen du bassin intercalaire et du dessous de la Grande Barrière résoudra très probablement, dans le sens que je viens d'indiquer, le problème du sixième (ou plutôt cinquième) sas de Padirac.

XI. — MÉTÉOROLOGIE

De nombreuses séries d'observations de température recueillies à Padirac, à chacune de mes visites, n'ont fait que confirmer les nouveaux principes de météorologie souterraine que j'ai mis en lumière depuis 1894. (*V. Comptes rendus de l'Académie des sciences,* 12 mars 1894, etc.; *les Abîmes,* p. 561; *Spéléologie,* p. 85.)

Il en résulte notamment que, en hiver, l'influence de la température extérieure s'y fait sentir beaucoup plus loin qu'on ne le pensait, et que celle de l'eau courante ou d'infiltration y réagit vivement sur celle de l'air. Le poids spécifique de l'air froid, descendant largement par l'orifice du gouffre, explique à lui seul cette anomalie.

En été, au contraire, l'air chaud trop léger reste flottant à la surface de cet orifice, et la température de toute la caverne s'égalise aux environs de la moyenne température annuelle de la vallée de la Dordogne, c'est-à-dire vers 13° C.

Les températures d'hiver que j'ai prises, du 28 mars au 1er avril 1896 et du 11 au 14 décembre 1899, sont particulièrement curieuses par leurs anomalies; on les trouvera dans le tableau synoptique ci-dessous, qui résume suffisamment la thermométrie générale de Padirac.

		Fin mars 1896.	16-17 août 1896.	11-14 décemb. 1899.	18 sept. 1900.
Air extérieur		+ 1° à + 5°		— 1° à + 4°	
Intérieur du gouffre.	Air	5°6 à 8°	+ 12°8	0°5 à 1°8	
	Flaques d'eau.	6° à 8°	13°		
Déversoir Fontaine, Eau		Air et eau 12°.	12°7	10°5 à 11° (tarie)	11°8

	Fin mars 1896. —	16-17 août 1896. —	11-14 décemb. 1899. —	18 sept. 1900. —
Bassin Fontaine. Eau.	Air et eau à 12°.	Air et eau à 13°.	7°2 à 8°8	
Salle de la Fontaine. Air			6° à 7°	12°6
Embarcadère. Eau.			11°5	12°2
Embarcadère. Air.			10°5 à 10°8	12°
Pas du Tiroir			12°2 à 13°	
Lac des Grands Gours. Air et eau			12°5 (*)	12°6
24° gour. Eau			13°	
Grève des noms. Air.			13°	
Galerie Albe et Grande Barrière. Air et eau.			13°	
Galerie du ruisseau. Perte. Eau.			5°5	
Galerie du ruisseau. Milieu. Eau.			9°	
Galerie du ruisseau. Bassin. Eau.			13°	

J'attire seulement l'attention sur les faits suivants : d'abord c'est que j'ai vu, en décembre 1899, les suintements du grand puits se transformer en stalactites de glace, peu à peu agrandies sous l'action du froid jusqu'à plus d'un mètre de longueur; j'ai pu en prendre deux curieuses photographies; — ensuite c'est que la neige tombée sur le talus d'effondrement du gouffre y persista (entre 50 et 60 m. de profondeur) pendant plusieurs jours; — enfin c'est que l'eau stagnant dans le petit déversoir de la fontaine alors arrêtée marquait de 3°,3 à 3°,8 de plus que les deux bassins d'eau les plus rapprochés d'elle. Ne serait-ce pas une présomption complémentaire (V. p. 105) de l'existence, entre la fontaine et la galerie du ruisseau, d'un bassin trop vaste et trop bien abrité sous quelque retrait inconnu du fond du gouffre, pour que le froid extérieur y exerce complètement son influence?

Les variations de la pression atmosphérique dans les cavernes n'avaient, à ma connaissance, été étudiées encore qu'une seule fois, le 14-15 août 1852, à Adelsberg, par Schmidl et Schinko, qui ont trouvé, en vingt-quatre heures d'observations, l'amplitude de la variation un peu plus grande à l'intérieur du sol qu'à l'extérieur, mais exactement de même valeur

(*) Même température le 30 mai 1900.

(SCHMIDL, *Grotten und Höhlen von Adelsberg;* Vienne, 1854, p. 170).

J'ai fait pareille expérience, du 12 au 14 décembre 1899, pendant quarante heures consécutives, avec deux baromètres holestériques compensés de Naudet, soigneusement étudiés au préalable pendant deux semaines plusieurs fois par jour pour déterminer leurs écarts, qui se sont montrés absolument négligeables. Le premier (A) fut placé le 12 décembre, à 1 heure de l'après-midi, au sommet du puits artificiel d'entrée du gouffre (altitude 352) par une température de + 1°,5 à 3°,5; le second (B) 2 heures 20 plus tard au Pas du Tiroir (altitude 250 m.), à 650 m. de la Fontaine, par une température de 12°,2 à 13°, c'est-à-dire déjà soustraite à l'influence de l'air extérieur. Voici le tableau des lectures faites sur chacun d'eux :

DATES ET HEURES	SOMMET DU PUITS ARTIFICIEL (Altitude 352 m.)		PAS DU TIROIR (Altitude 250 m.)	
12 décembre 10 h. 30 matin.	725^{mm},8		725^{mm},8	Au dehors.
— 1 h. soir.	723 millim.		723 millim.	
— 3 h. 20 —			732^{mm},2	
— 4 h. 40 —			733^{mm},5	Baisse de 11^{mm},9 en 40 heures.
— 6 h. 30 —	725^{mm},5	Baisse de 11^{mm}.5 en 40 h.		
13 décembre 2 h. —	719 millim.			
— 3 h. —	718^{mm},9			
— 3 h. 30 —			726^{mm},5	
14 décembre 8 h. 40 matin.			721^{mm},6	
— 10 h. 30 —	714 millim.		714 millim.	Au dehors.
— midi 15 —	715 millim.		715 millim.	

Ainsi, en quarante heures, la baisse, constante, a été de 11 millim. 5 au dehors et de 11 millim. 9 à l'intérieur. Le résultat obtenu par Schmidl se trouve confirmé. Les variations de la pression atmosphérique paraissent un peu plus grandes dans les cavernes qu'à l'air libre.

XII. — FAUNE ET FLORE

On sait que la faune aveugle des cavernes a déjà provoqué et donne encore lieu à de fort curieuses études zoologiques, qui intéressent moins la géographie que les doctrines du transformisme et de l'évolution.

Pour mémoire seulement je mentionne donc que Padirac aussi a fourni son contingent à ces recherches biologiques, et qu'en mars 1896 j'ai recueilli moi-même les premiers crustacés aveugles (des *Niphargus*) trouvés dans les eaux de la rivière souterraine. Je les ai donnés à M. Viré, attaché au Muséum d'histoire naturelle, qui les a jugés assez intéressants pour se livrer ensuite, à Padirac, à de longues recherches sur ce sujet et à des chasses et pêches de tous les petits animaux qui habitent la caverne. Il a fait connaître les premiers résultats de ses observations et expériences sur cette faune obscuricole, dans une intéressante thèse de doctorat couronnée en 1899 par l'Académie des sciences, et à laquelle je ne puis que renvoyer les spécialistes (A. Viré, *la Faune souterraine de France*; Paris, J.-B. Baillière, 1900, in-8°, 160 p. et 4 pl.). Deux espèces nouvelles d'isopodes aquatiques y ont été rencontrées : M. Dollfus les a décrites dans le *Bulletin du Muséum d'histoire naturelle* de 1898, n°s 1 et 35.

Quant à la flore, Padirac semble ne présenter d'intérêt que pour l'examen des fougères, scolopendres, algues, mousses et cryptogames, et autres plantes amies de l'humidité, qui, dans l'intérieur du gouffre, atteignent, à l'abri du soleil, une extension considérable. En outre, et d'ici peu de temps, des champignons de toutes sortes ne manqueront sans doute pas de se développer, comme à Mammoth Cave, etc., sur les parties en bois (escaliers et passerelles) de la région du Grand Dôme.

L'examen de la flore des cavernes, déjà entrepris en Autriche et en Amérique, vient de l'être en France par MM. Géneau de Lamarlière et J. Maheu. (*V. Comptes rendus de l'Académie des sciences,* 15 avril 1901.)

M. Rataboul, de Moissac, dont la spécialité est l'étude des diatomées, n'a rencontré jusqu'ici aucun de ces organismes dans le cours d'eau de Padirac.

A maintes reprises des crapauds ont été recueillis à Padirac, au lac des Grands Gours. Même, en 1900, le fils de Mme la comtesse Lecointre y a récolté une sangsue vivante. Ces *importations* du dehors, amenées évidemment par les eaux d'infiltration, achèvent de prouver l'origine extérieure peu lointaine (absorptions de la faille) de la rivière de Padirac. Il est possible que ces animaux aient été introduits sous terre à l'état de larves ou têtards : le fait est courant d'ailleurs, et je l'avais constaté antérieurement (1893) à Adelsberg, dans une partie absolument nouvelle de la rivière souterraine de la Piuka.

Mais ces recherches scientifiques toutes spéciales sortent de notre sujet, qu'il y a lieu de clore par la liste ci-contre des publications que je lui ai précédemment consacrées.

	1re expédition (1889).	2e expédition (1890).	3e expédition (1895).	4e expédition (mars 1896).	5e expédition (août 1896).	6e-9e expédit[s] (1898).	10e-12e expédit[s] (1899).	13e-14e expédit[s] (1900).
Les Cévennes (Paris, 1890).	Ch. XXIII.							
Les Abîmes (Paris, 1894).	Ch. XV.	Ch. XV.						
Tour du monde	Liv. 1564, déc. 1890.	Liv. 1564, déc. 1890.						
Ann. du Club alpin franç.	T. XVI, 1889.	T. XVII, 1890.						
La Nature	N° 874, 1er mars 90.	N° 938, 23 mai 91.	N° 1172, 16 nov. 95.			N° 1367, 5 août 1899.		
Comptes rendus de l'Académie des sciences.....	25 nov. 89.		21 oct. 95.	20 avril 96.				9 juil. 1900.
Revue de géographie.....	Déc. 1889.			Juin 1896.				
Bulletin de la Soc. scientif. de la Corrèze, Brive...	T. XI, 1890.	T. XIII, 1892.	T. XVII, 1896.	T. XVIII, 1897.	T. XVIII, 1897.			
Bulletin de la Société d'études du Lot..........	T. XV, 1890.	T. XVII, 1892.						
Mémoires de la Société de spéléologie............			Janv. 1896, n° 1.					2e sem. 1900 (*Spelunca*, 23-24).
Comptes rendus de la Soc. de géographie.........	8 nov. 1889, p. 336.	20 mars 91, p. 193.	21 fév. 96, p. 74.	4 juin 1897, p. 222.	4 juin 1897, p. 222.	Avril 1899, p. 162.	15 janvier 1900.	15 mai 1900.
Bulletin de la Soc. géolog.	3e série, t. XIX, p. 149, 1er déc. 90.	3e série, t. XIX, p. 149, 1er déc. 90.						

APPENDICE

EXCURSIONS AUX ENVIRONS DE PADIRAC

Aux abords de Rocamadour et de Padirac, de nombreuses curiosités archéologiques et pittoresques sollicitent la visite du touriste.

ROCAMADOUR d'abord, à 4 kilomètres ouest de la station du même nom, l'illustre pèlerinage de la Vierge noire, dans un des sites les plus romantiques de la France entière, une des merveilles de notre pays. A la rigueur, il est possible de voir Padirac le matin et Rocamadour dans l'après-midi; mais chacune de ces localités mérite bien qu'on lui consacre une journée entière.

Le GOUFFRE DE RÉVEILLON, au bord de la route de voitures, entre la station de Rocamadour et le bourg d'Alvignac, ne demande qu'une demi-heure d'arrêt et présente un coup d'œil des plus curieux. (*V.* p. 85).

Au nord-est de Padirac, la CASCADE D'AUTOIRE (beau paysage calcaire, peu d'eau en été), l'admirable château de CASTELNAU DE BRÉTENOUX, récemment restauré par M. Mouliérat (*V.* ABBÉ LAYRAL, *Castelnau et ses Seigneurs*, Sens, 1901), le vieux bourg de SAINT-CÉRÉ et la GROTTE DE PRESQUES (jolies stalactites), éclairée à l'électricité depuis 1900, composent le programme d'une belle journée de bicyclette ou de voiture particulière à partir de Rocamadour, d'Alvignac et de Gramat.

Dans la vallée de la Dordogne, les intéressantes églises de CARENNAC (mise au tombeau en pierre sculptée), TAURIAC (peintures anciennes) et BEAULIEU (célèbre porche roman) sont peu commodément desservies par le chemin de fer de Saint-Denis-lez-Martel à Aurillac.

Les SOURCES DE L'OUYSSE ne peuvent se voir qu'en voiture et en bateau, de Rocamadour même (demi-journée).

Enfin, entre Gramat et Assier on ne regrettera point de s'arrêter quelques heures à ASSIER pour y admirer deux beaux monuments de la Renaissance, l'église et le château, ornés par Gourdon de Genouillac, grand maître de l'artillerie sous François Ier, des sculptures les plus délicates et les plus divertissantes. Et si l'on veut, de Capdenac, et par la ravissante vallée du Lot, rejoindre CAHORS, pour s'extasier sur ses trésors d'architecture, on n'aura point de peine à consommer dans cette jolie région du Quercy une semaine entière, fournissant chaque jour des spectacles aussi variés qu'intéressants.

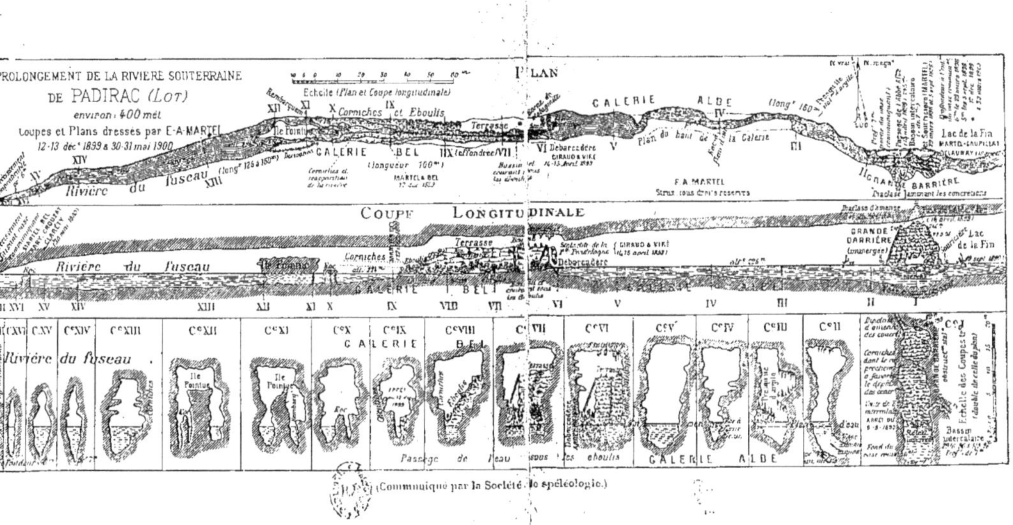

(Communiqué par la Société de spéléologie.)

TABLE DES MATIÈRES

TABLE DES CARTES ET GRAVURES

SOCIÉTÉ ANONYME D'IMPRIMERIE DE VILLEFRANCHE-DE-ROUERGUE
Jules BARDOUX, Directeur.

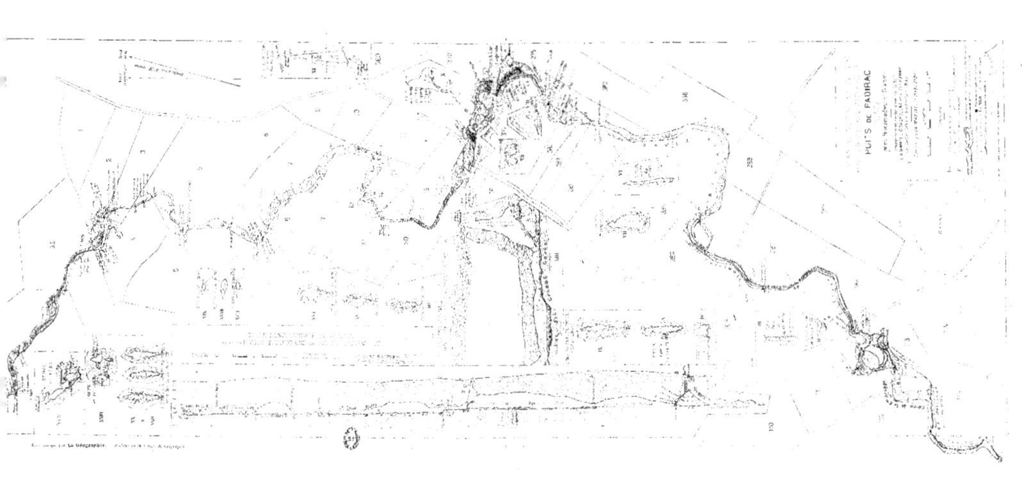

Librairie CH. DELAGRAVE, 15, rue Soufflot, Paris

OUVRAGES DU MÊME AUTEUR

Les Cévennes, et la région des Causses

Lozère, Aveyron, Hérault, Gard, Ardèche

Un volume in-8°, avec 148 gravures, 2 cartes et 9 plans, 7e *édition*. Broché . . . . **5 fr.**

Les Abîmes. Les Eaux souterraines, les Cavernes, Les Sources, la Spéléologie

Explorations souterraines effectuées de 1888 à 1893

En France, Belgique, Autriche et Grèce

Un volume in-4°, avec 4 phototypies et 16 plans hors texte, [illegible] grav. d'après des photographies et des dessins de VUILLIER, de LAPLANTE, RUPIN, etc., et 200 cartes, plans et coupes. Broché . . . . **20 fr.**

L'Irlande et les Cavernes Anglaises

Un volume in-8°, avec [illegible] grav., 18 plans et coupes et [illegible] planches hors texte. Broché . . . . **[illegible] fr. 50**

Le Trayas (VAR), L'Estérel, Agay, Le Cap Roux, etc.

Un volume in-12, avec 13 grav. et 2 cartes. Broché . . . . **4 fr.**

Le Gouffre et la Rivière souterraine de **Padirac**

Un volume in-12, avec 38 gravures, 12 coupes ou plans [illegible] en coul. Broché . . . . **[illegible] 50**

Imprimerie A. Gautherin, 131, rue de Vaugirard, Paris

www.ingramcontent.com/pod-product-compliance
Ingram Content Group UK Ltd.
Pitfield, Milton Keynes, MK11 3LW, UK
UKHW022103260726
13993UKWH00001B/295

9 782019 937614